Le Petit Champollion
Illustré

楽しい
ヒエログリフ
入門

クリスチャン・ジャック
Christian Jacq

鳥取絹子
訳

草思社

LE PETIT CHAMPOLLION ILLUSTRÉ
BY
CHRISTIAN JACQ

© ÉDITIONS ROBERT LAFFONT, PARIS, 1994, 2022
THIS BOOK IS PUBLISHED IN JAPAN BY ARRANGEMENT WITH ÉDITIONS ROBERT LAFFONT,
THROUGH LE BUREAU DES COPYRIGHTS FRANÇAIS, TOKYO.

楽しいヒエログリフ入門

目次

はじめに

ヒエログリフのアヒル

「ヒエログリフのアヒルがあなたを嚙んだら、もう放さない」

　と書いたのは、フランスの高名なエジプト学者のひとりで、シャンポリオンの第一の弟子ヴィコント・エマニュエル・ド・ルージェだ。

　ここでいうアヒルは、ヒエログリフで「息子」という単語を書くのに使うのだが、ほんとうにしつこい鳥なのだ。年齢は5000年以上を経ているのに、いつまでたっても若い。なぜなら、今もって古代エジプトを愛する者たちを嚙みつづけ、彼らの情熱に火をつけつづけているからだ。嚙まれるという言葉は、ヒエログリフでは、それなりに意味があるのだ！

　50年ほど前までは、古代エジプトの言語に興味を持っていたのはひとにぎりの専門家、それもどちらかというと変人扱いされた人たちだった。現在は状況がすっかり変わった。ヒエログリフは多くの国の大学、あるいはプライベートな講義で教えられ、たくさんの愛好家たちが解読ゲームにはまっている。シャンポリオンの心わき立つ冒険をもう一度、というわけだ。

　本書は、読者を一人前のエジプト学者にしようとか、新聞を読むようにパピルスを読めるようにしようというものではない。そんなのは大それた望みだ。そうではなく、あなたにヒエログリフ

の精神を初歩から手ほどきし、魅惑的な世界の内側へ数歩でもお招きするための本だ。ヒエログリフを正しく読み、難解なテキストを解読できるようになるには、何年もの勉強が必要だ。なかにはいまだに秘密を隠し、謎だらけのものもあるのだから。

　それでも、ヒエログリフが「どのような仕組みなのか」を理解するのは可能だし、なにより、ヒエログリフによって古代エジプト人の世界観を共有できる。古代エジプト人は、私たちの文化の母ともいえる、文明の創始者だ。ヒエログリフの世界を散策し、いろいろな絵文字が語りはじめるときの、あのわくわくする喜び！　それをぜひあなたにも味わってもらいたい。また、この本には面倒な文法の話はなく、触れたとしてもごく控えめなので、ご安心を。私としては、ヒエログリフの基礎をまず知ってもらうために、あくまでもわかりやすい方法で、いくつかの基本的な要素だけを紹介するつもりだ。何も難しがることはない。絵が重要な役を演じるからだ。ほらあなたも、本を読む前に、ヒエログリフを見ているのでは？　少しでもヒエログリフを実際に使ってみると、アヒルやその仲間たちを身近に感じられるようになる。私など、ある考えをまとめるのに、まずヒエログリフで書いてみて、それからフランス語にする……という場合がよくあり、いつも凄い！　と驚嘆している。同じ一つの記号のなかに、考えと、イメージと、音まであるのだから、これこそまさに完全な言語といえないだろうか？

　エジプトは陽気な文明で、何よりも生きる幸せが優先されていた。この小さな本で、読者のあなたに、エジプト人いわく「ヒエログリフに酔っぱらって」もらえれば……、つまり、ヒエログリフを肴に楽しんだり、喜んだりしてもらえれば、著者としてこれ

ほど嬉しいことはない。

サッカラ ‖ この碑文では、ヒエログリフが
縦の列に並んでいる。読むときは記号の
向きにしたがって右から左へ。

第I部

ヒエログリフとの出逢い

第1章
シャンポリオンの偉業

シャンポリオンの苦しみ

　さて、アヒルに近づいて探りをいれる前に、ちょっとエジプトへ飛んでみよう。もっと正確にいうと、ロゼッタという町、時代は 1799 年の 8 月だ。そこで、うだるような暑さにへとへとになりながら、若きナポレオン率いる遠征隊の工兵士官ボーシャールが、地面から碑文におおわれた石を掘りだしたところだ。武人の士官には、何が書かれているのか解読できるわけもなかったが、その碑文は紀元前 196 年に、当時の王、プトレマイオス 5 世に敬意を表して神官たちによって書かれた布告で、学識経験者たちにより三つの古代文字が並んでいるのが確認された。その三つとは、ギリシア文字、デモティック文字（エジプト末期王朝時代に使われていた文字）、そして……ヒエログリフだった。

　すぐに、ある魅力的な仮説がたてられた。もしかするとここには、同じ内容の碑文が三つの違う言語によって書かれているのではないだろうか？　もっとはっきり言うと、ヒエログリフのテキストをギリシア語に翻訳したものではないだろうか？　だとしたら、14 世紀ものあいだ沈黙していた文字の謎を解く鍵を、ついに発見できるのではないだろうか？

　7 世紀にエジプトがアラブに支配されて以来、言語としてのヒエログリフは押し黙ったまま、何も音を発していなかった。その

不思議な絵文字の読み方を知っている者は誰もいない。古代人たちは、そのなかに神官たちの秘密が宿っていると信じ、人々は魔法の言語だと思っていた。

　1世紀に、ユダヤ人の哲学者フィロンがこう書いている。
「エジプト人たちの言葉は、記号を使って表現される哲学に満ちている。その哲学は、〈聖なるもの〉といわれる文字から彼らが見出したものだ」

　さらに3世紀になって、ギリシア人の哲学者プロティノスがボルテージをあげる。
「エジプトの賢人たちは、象徴的な記号を使って、成熟した学問の何たるかを示した。彼らは言葉などに頼らず、ある意味で直感的なものを記号で明示した……。それゆえ、それぞれのヒエログリフは一種の学問、あるいは知恵を構成していた」

　耳を傾けるに値する意見だろう。なぜならこの二人の思想家は、イスラム教徒に破壊される前のアレクサンドリア図書館に熱心に通いつめ、まだ少しはヒエログリフを読めたはずだからだ。あの偉大なホメロスも、この類まれな言語を使っていたという定説がなかっただろうか？

　初期のキリスト教徒や教父たちのなかにもまだ、ヒエログリフに称賛の声をあげる人たちがいる。そして639年、アラブの侵略とともに、ファラオの大地に深い深い闇が広がる。言葉も宗教も習慣も変わり、考え方も変化する。古代エジプト文明とはまったく正反対の価値観を持つ、イスラム国家が建設された結果だ。それでも語り伝えで、ヒエログリフを読める人が何人かいて、しぶとく残っていたとは考えられないだろうか？　その可能性はありえるが、私たちには証拠がない。いずれにしろ、「ロゼッタ・

ストーン」の発見者であるボーシャール士官は、自分には読めないことがわかった。また、エジプト遠征隊に同行した学者たちも、それほど優秀ではなかった。

しかしフランスはついに、欠けていた鎖の環を発見したのだ。これによってすべての希望がかなえられそうだった。

ところが、喜びは長くは続かない。なぜなら、ナポレオン遠征隊は、ご存知のように、将軍が兵隊を見捨てたあげく、惨めな大敗に終わっていたからだ。

そのとき甘い汁を吸ったのが、われらが友イギリス人で、エジプトを奪いとり……ロゼッタ・ストーンはロンドンに運ばれて、大英博物館に「イギリス軍によって征服された」という文とともに鎮座ましましている。

とはいっても、すべてが失われたわけではなかった。碑文をコピーする時間はあり、そのコピーに何人かの研究者が取りくんだ。

当時、19 世紀の初頭には、ヒエログリフ解読の試みはかなりの数にのぼっていた。その前、18 世紀の半ばには、ドイツ人のイエズス会修道士キルヒェルの挫折があった。彼は、すべてのヒエログリフは音読みのない記号と考え、多くの学者は、それらの記号は永遠に謎のままだろうと思っていた。好奇心に再び火がついた。ロゼッタ・ストーンのおかげで、想像力がかきたてられたのだ。とりわけイギリス人のヤングの想像力はたくましく、彼はいくつかの記号を解読するに至ったのだが、そのあとに越えがたい障害にぶつかった。

不可能をものにした人物のひとりが、フランス人のジャン＝フランソワ・シャンポリオンだ。

1790 年 12 月 23 日、ロー県のフィジャックに生まれた彼は、

1828年11月24日付の手紙で、自分のことを次のように書いている。

「私のすべてはエジプトにあり、エジプトは私にとってすべてです」

　シャンポリオンはまさに偉業を果たすべく運命づけられた人物、知能指数はきわめて高く、同時代の「学問の」権威者たちのほとんどから嫌われ、嫉妬され、仕事の鬼となって、一つの驚くべき使命を果たすためだけに生きた。エジプトのヒエログリフを読み解く鍵を見つけ、今に蘇らせたのだ。

　子どもの頃から彼は、死語といわれたいくつかの言語の勉強にのめり込み、中国語やペルシア語についても研究した。しかし、病弱のうえ、お金と定職にも恵まれず、かんじんのオリジナルの資料はライバルが手放さないとあって、研究しようにもできない状態だった。

　失望することもまれではなかった。シャンポリオンは自分のヒエログリフを見つけられないでいたのだ。

「やったぞ！」

　1822年9月14日のパリ。

　フランス学士院の建物はほとんど眠っている。その一室でシャンポリオンの兄が仕事をしている。いつもと変わらぬ学識者の一日、灰色で、陰鬱で、情熱のかけらもない。

　突然、ドアが開く。

　現われたのは弟のジャン＝フランソワ・シャンポリオン。興奮

しきって、説明する時間もなく、彼は叫ぶ。

「やったぞ！」

　そして気を失う。

　彼はそのまま何日も昏睡状態になる。感動はそれほど強かったのだ。彼は現実の世界から遠く離れたところで、何千年という歴史と文明の解読に取りかかろうとしている。幸いにも神は、ジャン゠フランソワ・シャンポリオンが私たちに何も伝えずにこの地上から去るのを許さなかった。彼のものの見方は、相当な学問が土台になっていたうえに、素晴らしい透視力にも基づいていた。

　現在もなお、その発見の大きさを前にすると、私たちは驚きのあまり声も出ない。コンピューターがこれほど駆使されているのに、ヒエログリフよりもシンプルな文字の多くがいまだに解読されずにいる。それが、たったひとりの人間の頭脳が——いや、一つの心と言わせてもらおう。それほどシャンポリオンと研究テーマの結びつきは強かった——、ヴェールをはぐに至ったのだ。発見の瞬間、彼に電撃的な直感が働いたというが、正直なところ、それも謎のままだ。

　シャンポリオンの前に、二つの大きな学説がある。

　最初の学説によると、ヒエログリフは音でもなければ、私たちの文字のようなアルファベットでもなく、記号、あるいはイメージだった。たとえば、例のアヒルはアヒルで、たぶん他のものを象徴すると。でも、いったい何を？

　二つめの学説によると、それぞれのヒエログリフは音であるか、文字になる。たとえば、アヒルなら A か、B か、あるいは C。でも、どの絵がどの音なのかどうすればわかる？

　二つの学説とも孤立していて、正しくなかった。それを一緒に

し、もっと先へ行かなければならなかったのだ。それがシャンポリオンのいわんとするところで、1822年9月17日付のダシエ男爵に宛てた手紙にそう書かれている。

この手紙はある意味で、ヒエログリフの読み方が解明された瞬間の証明書だろう。

「ヒエログリフは複雑なシステムで、同じ一つのテキスト、一つのフレーズ、もっというと同じ一つの単語のなかに、具象文字、象徴文字、音声文字が同時にあるのです」

後世に光を放つ、天才的な大発見。まさに、アインシュタインの有名な $E = mc^2$ にも匹敵する。しかし後者には人々が無条件で感服するものの、私たちにはちんぷんかんぷんだ。

では、もう少しはっきりさせるために、もう一度あのアヒルを例にとり、もっと近くから、三つの違ったアングルで見てみよう。

1. 普通の形をしていて、頭、嘴、体、足、尾……と、この絵がアヒルを表わしているのは間違いない。

したがってこの記号は「アヒル」と訳すことができる。この場合のヒエログリフは具象文字になる。

2. いっぽう、あるフレーズのなかでは、この記号を書きながらも「アヒル」のことを言っていないのがはっきりしている。たとえば、この鳥がファラオを形容する太陽と一緒になっているときだ。

訳は「太陽のアヒル」ではなく、「太陽の息子」。

この場合、アヒルはアヒルではないものを意味し、「息子」の象徴になっている。

だから、ヒエログリフは象徴文字になる。

3. このアヒルの絵文字は音でもあり、その音は必ずしも「アヒル」や「息子」とは関連しない。この場合は二音で、S＋A＝SA［サア］となる。この「サア」という音は、「アヒル」とも「息子」とも関係のない、別の単語を書くのに使われる。

ちょっと漠然としているが、フランス語と比べてみよう。二つの音、「dé［デ］」と「mange［マンジュ］」は、「さいころ」と「食べる」という二つの単語である。それが結びついて「démange［デマンジュ］」になると、「かゆい」という単語になり、一つずつの単語とは似ても似つかない意味になる。

この場合、ヒエログリフは音声文字になる。

〔漢字だともっとわかりやすい。「矢」と「口」は「や」と「くち」だが、一緒になると「知る」になり、音も意味も違ってくる〕

さあ、この三つの方法でアヒルを勉強したら、シャンポリオンの天才的な方程式もよく理解できるだろう。ヒエログリフのシステムはこのように、同じ一つの単語のなかに具象と、象徴と、音声があるのだ！

シャンポリオンはその後、初めてエジプトを旅するのだが、彼が自分自身の目でモニュメントを読み、自分の発見の正しさを確認したときの喜びはどれほど大きかっただろう！

1829年1月1日、ワディ・ハルファの、越えられそうもない
ナイルの第二の急流の前で、彼はダシエ男爵に宛てて感動的な文
を書いている。

「私は今、鼻高々です。ナイルの流れを河口から第二の急流まで
たどってきたのですが、あなたに自信を持ってお知らせできます。
私たちの文字をヒエログリフのアルファベットに合わせて変える
必要はまったくないのです。私たちのアルファベットでいいので
す。どれにもうまく当てはまります。まず、ローマ支配時代と、
ギリシアの君主が支配していた時代のエジプトのモニュメント、
それから、これがもっとも大きな意味を持つようになるのですが、
ファラオ時代のすべての神殿、宮殿、墓の碑文にも当てはまりま
す」

『文法書』『辞書』『エジプトの神々についての研究書』の著者、
シャンポリオンは、1832年3月4日、力尽きて亡くなった。42
歳だった。

　この、正真正銘の天才がなしとげた功績を、私たちはいくら称
えても称えきれないだろう。彼の発見がなかったら、ファラオ時
代のエジプトは完全に消滅していたのだ。

　シャンポリオンが蘇らせたのは、広大な文明と、知恵だった。
歴史上、これだけの業績を果たした人間は、そういない。

王家の谷、ラムセス6世の墓‖火を奉納するファラオの横顔。

第**2**章
聖なるヒエログリフ！

「ヒエログリフ」という言葉はエジプト語ではない。ギリシア語
の、hieros「聖なる」と、gluphein「彫り刻む」からなっている。
言い換えると、ギリシア人たちはヒエログリフを神聖な彫り文字、
あるいは聖なるものを彫った文字とみなしていた。なるほどその
とおりだろう。では、当のエジプト人たちは、自分たちの言葉を
どう書き表わしていたのだろうか？　次の二つの記号でだ。

　最初の▯は棒。「棒」という単語と、「言葉」という単語を書く
のに使われる。二番目の▯は、布が竿(さお)の先で風にはためいている。
この記号は「神」という単語を書くのに使われる。神殿の正面に
このような棒と旗があると、そこに神がいることを伝えていた。

　したがって、エジプト人にとってヒエログリフは、「神の棒」
であると同時に「神の言葉」。神の棒は人生を導いてくれるもの
であり、神の言葉には耳を傾けなければならなかった。

　さて、この説明は、最初のアプローチを簡単にするために、私
が少し形を変えたものだ。実際の碑文では、次のような形になっ
ている。

﹁␣␣

最初の記号とちょっと違っているところはどう説明したらいいのだろう？ ﹁「神」が「棒」の前にあるのは、これを書いた書記が神を尊敬している印で、そのためには先頭におかなければいけない。三本の線が縦に並んでいる、は、ただ単に複数の印で、これがあると「すべて」の棒、「すべて」の言葉になり、だから、「すべて」のヒエログリフがこのなかに含まれる。

﹁␣␣

したがって、この読み方は「神、複数の棒（または複数の言葉）」。さらに言い換えると「神のいろいろな言葉＝いろいろなヒエログリフ」となる*。

＊……もっと先へ進んで、音声文字を知りたいという人のためにお教えしよう。「棒」は三音からなり、M ＋ D ＋ OU ＝ MEDOU［メドゥ］という単語になる（ヒエログリフには母音がないので、私たちは便宜上、子音のあいだに e を入れて発音できるようにしている）。同じく「旗」も三音文字で、N ＋ T ＋ R ＝ NETER［ネテル］。二つを一緒にした読み方は「メドゥ ネテル」、これが「神のいろいろな言葉」、「いろいろなヒエログリフ」だ。

熱心な読者なら、もう要点は学んでいると思うので、古代エジプトの聖なる言葉の名前は知っているだろう。ここで思い出してほしいのは、その言葉はトキ（イビス鳥）の頭をしたトト神によっ

て啓示されたということだ。

　トト神がこのような形で描かれるのは、トキの記号が「見つける」という考えを表わすからだ。なぜかは、この素晴らしい鳥をじっと観察するだけで十分だ。沼地を荘厳な姿で移動するさまを見ていると、嘴の一突きで、じつに正確に、しかも確実にエサを見つけている。

　年老いた賢人たちはトト神を「光の心」「創造者の言葉」、神々の書記で年代記をまとめる神として描いていた。

　書記はすべて、書く前に、トト神に祈りを捧げなければならなかった。その抜粋がある。

「おお、トト神よ、無意味な言葉から私を守るように。朝は私の後ろにいるように。さあ、ここへ。神の言葉なるあなた。あなたは、砂漠でのどが渇いた旅人のための優しい泉。おしゃべりの者にはぴたりと蓋を閉じ、黙っている者には開け放つ」(パピルス、サリエ／1、8、2-6)

私のヒエログリフに触らないで、
みんな生きているのです！

　最新の情報によると、ラテン語とギリシア語は死語だ。しかし、ヒエログリフはそうではない。

　ヒエログリフを見てみよう。生あるものであふれている。動きのある男たち、女たち、鳥、哺乳類、魚……。そして覚えておこう、あのアヒルが私たちを噛みつづけているのと同じように、みんなが何かを訴えつづけていることを。

　フランスのエジプト学者、ピエール・ラコーが、そのあたりを

うまく書き残している。

「エジプト人の目から見ると、すべての絵は、魔力と本物の効力を持っている生き物、動きのある現実です。それはさておき、ヒエログリフの文字記号はすべて絵です。それらは文字として、音の価値もありますが、あそこまではっきりと正確な形を保っていると、絵の力も同じように強くあります。

　たとえば、ライオンの絵はROU［ルゥ］という音声になりますが、このことでライオンがライオンでなくなるわけはなく、ある確かな方法でライオンの力を保っています」

　エジプト人たちは、ヒエログリフの記号の効力を確信していたので、時には、ライオンやヘビを二つに切り分けて書くほど気を使っていた。それらが害を与えないために、あるいは危険な爬虫類をナイフで地面に突き刺しておくために。

　エジプトではだから、ヒエログリフで覆われた壁面に近づきすぎてはいけないし、とくに、触れてはいけない。一つは、あなたが壁面を傷つけないためと、もう一つは、せっかく眠っているライオンや、うとうとしているヘビを起こさないために。

　そう、ヒエログリフに会いにいくときの正しい心構えは、愛情と尊敬。エジプト人にとっては、文書だけが永遠の命を保証していた。よい息子とは文書を書く板にほかならず、賢人たちの文書を心にとめておくことほど大きな幸せはなかったのだ。

　中部エジプトのヘルモポリス〔現在地名エル・アシュムネイン〕に、ペトシリスという名の賢人がいた。彼はヒエログリフの神、トトの大神官だった。

　彼の墓を訪れると、次のような言葉が書いてある。

「地上に生きるものたちよ。この永遠の墓を見て、その前を通る

ものたちよ、さあここへ来るように。私があなた方を人生の道へ案内しよう。もし、あなた方が私の言葉を聞き、もし、それに含まれる意味に気づいたら、これぞあなた方にとってよい結果をもたらすだろう」

この貴重な忠告を心にとめ、では、もう少しヒエログリフに近づいてみることにしよう。

ヒエログリフの文字は
いつまでも若い老婦人

ヒエログリフはどの時代に現われたのだろう？ はっきりしたことは言えない。よく例にあげられるのはヒエログリフ最古の遺物といわれる「ナルメル王のパレット」〔現在、カイロのエジプト博物館〕、あるいは「スコルピオン王の棍棒」で、紀元前3200年頃に存命した、これら非常に古い時代のファラオたちが、闇との戦いに勝ったのを記念したものだ。しかし、ヒエログリフは、その前からあったようだ。だから、5000年以上前に生まれたのは間違いない。

いずれにしろ、シャンポリオンによると「エジプトのヒエログリフの文字は、完全な状態でしか私たちの前に現われない。どんなに古いテキストでも、私たちには研究できる」。

実際に、古王国時代（紀元前3200 – 2270年頃）、いわゆる大ピラミッド時代の文字はびっくりするほど美しい。それぞれのヒエログリフが、才能のある職人によって作られた小さな傑作だ。進歩という概念はヒエログリフには当てはまらない。最初からパーフェクトで、進化の必要などなかったのだ。それが、エジプトが

退廃期に入ると、彫り文字の質はいたるところで落ちていく。

　紀元後になって最初の頃、エドブやデンデラ、フィラエ島などにある、ギリシア・ローマ時代の大神殿の壁面になると、ぼてぼてとして重く、読みにくいヒエログリフが多くなる。まるで彫り師の腕が衰えてしまったかのようだ。ところが、ヒエログリフの働きはまったく変わっていなかった！　驚くべきことに、ファラオのエジプトは最後の最後まで、ヒエログリフの「仕組み」と、その思想と文明の心を守っていたのだ。

　だから4世紀になっても、ヒエログリフの専門家はまだ、何千年も前に書かれた文書を読み、理解することができた。それにひきかえ私たちは、ほんの数百年前の16世紀のフランス作家のオリジナル原稿さえ読めないのだ。

　話し言葉というのはどこでもそうだが、エジプトでも時代とともにかなり変化した。しかし、ヒエログリフの基本は、発生した当初から変わらぬままだった。この素晴らしい安定性は、ファラオの制度と比較できる。3000年以上にもわたってエジプトにあった独特の政治制度は、ヒクソスやペルシア、ギリシア、ローマなどの侵略者にも半強制的に取りいれられていた。

　ところが……まずキリスト教徒たちが、ヒエログリフ文化のわき出る泉、神殿を襲撃し、時に暴力によって閉鎖し、聖なる言葉が使われないようにしてしまった。そしてアラブの征服で、ヒエログリフとはまったく関係のない、違う言葉が普及してしまったのだ。

　現在は、ヒエログリフの前ではすべての人が平等だ。ヨーロッパ人であろうが、アジア人、アフリカ人、オーストラリア人、アメリカ人であろうが、みんなこの神の言葉を基本から学ばなけれ

ばならない。生まれつきヒエログリフを話せる人は誰もいないからだ。

　古代エジプトでも状況は同じだった。実際、古代エジプト人たちが話してコミュニケーションをとっていたのは、ヒエログリフではない日常語だった。ヒエログリフは文化の頂点に位置し、習得するには大きな努力が必要だった。古代エジプト人たちの話し言葉は死語になり、永久に消滅してしまったが、ヒエログリフは生き残った。そして、この神々の言葉、威厳に満ちた老婦人は、いまや若い娘のようだ。くめども尽きぬ魅力にまいってしまう恋人があとを絶たず、追いかけまわされている。そう、ある人たちは、アヒルに噛まれたあと、神殿の壁に永遠に刻まれたヒエログリフを見て、その文字を司る美しい女神、魅力的なセシャトに抱きついてしまうのだ。

　最後のヒエログリフの碑文は、テオドシウス帝〔347 − 395 年。キリスト教を国教とした〕が統治していた時代の、394 年 8 月 24 日付のものだ。国の最南端にあって、「エジプトの驚異」といわれたほど美しい自然を誇るフィラエ島の神殿が閉鎖されたのは、551 年だった。それから、シャンポリオンの驚くべき発見で、人々がまた新たにヒエログリフを書けるようになるには、1822 年まで待たなければならない。現在は、五大陸にわたって、多くの情熱家たちがこの絵文字を描き、翻訳を試み、コンピューターまで使いはじめている。このぶんだとヒエログリフは、軽やかに3000 年目の節を越えるだろう。この魔法の言葉自身、再生する力を持っているのではないだろうか？

　エジプト神話で、イシス女神が、兄によって殺された夫のオシリス神を蘇らせたように、ヒエログリフの言語も永遠に残る秘密

の力を持っている。

　だとしたら、ほんとうに魅力的で、素敵な貴婦人ではないか！

王家の谷、トトメス3世の墓 ‖ 双頭のヘビの頭上にあるのは、それぞれ上と下のエジプトを象徴する王冠。中央にいるホルス神の化身であるハヤブサは、二つの国を結びつける王の象徴。下エジプトの赤い王冠を戴くヘビは「生命の鍵」と関連づけられている。

第 **3** 章
ヒエログリフの仕組みは？

ヒエログリフには、すべてがある

　ヒエログリフとは聖なる文字？　それはわかった。では、「ヒエログリフ」になるほど神聖なものとはいったい何？　それは生命の表現すべて、とエジプト人たちは答える。人間や動物はもちろん、石から星に至るまで。シャンポリオンが指摘したように、ヒエログリフの大きな狙いは「宇宙を含むあらゆる存在物」を描くこと。だからヒエログリフでは、天体、自然のさまざまな様子、人間の動き、哺乳類、昆虫、魚、植物、鉱物、建造物、これ以上ないほど変化に富んだ物体……etc. に出会う。ヒエログリフの世界は多様な顔の現実を包みこむ。

　ヒエログリフは時間の概念をなくしてしまう。これらの記号は流行の外にあって、いつまでも新鮮に、穏やかな永遠のなかに根をおろしている。

　大きさも関係ない。書記がパピルスに書く「死者の書」のように、ごく小さなヒエログリフもあれば、クフ王〔ギリシア名ケオプス〕の大ピラミッドのように巨大なものもある。うっかり忘れられがちだが、ピラミッドはばかでかい石のヒエログリフだ。これもシャンポリオンはすでに理解していたのだが、すべてがヒエログリフなのだ。古代エジプトでは、絵も彫刻も、図も、建築物も、目的はただ一つ、ヒエログリフ文字を具体的な形に表わすことだった。

一つの神殿全体、一つの彫刻、一個の浅彫りレリーフによって、「記念物のような大文字の文」と同じような表現ができるのだ。

　書くための素材も変化に富んでいる。書記たちは石や木、皮、そしてもちろん、あの有名なパピルスの上にも書いていた。さて、そのパピルス、今のところ作り方はある程度わかっているのだが、オリジナルの色や質がどんなものだったかはまだ誰にもわかっていない。見かけはとても脆そうなのに、このパピルスのいくつかが、3千年紀の今日まで生き残ったという事実。考えてみると凄いことだ！

　古代には、およそ750個のヒエログリフがある。そして基本の「仕組み」はずっと変わらず、デフォルメされることもなく、最後の神殿、フィラエ島が閉鎖されるまで、イメージは忠実に伝えられていく。この現象はめずらしい。なぜなら他の言語、たとえば中国語などは、起源は「ヒエログリフ」と同じだったのだが、それらはあっというまに簡略化され、はては見違えるほどに変わっているからだ。エジプトのヒエログリフにはそういうことはいっさいない。速記法のようなものは同時に発達したが、ヒエログリフは変わらずに残っていた。この聖なる形を変えようという不届き者は、ひとりもいなかった。なぜなら、命そのものだったからだ。

　時とともに、ヒエログリフの数は増えていった。たとえば、新王国時代には、ピラミッド時代のエジプトにはいなかった動物、馬のヒエログリフが導入された。

　エジプト末期、プトレマイオス朝の大神殿の時代になると、記号の数は数千にもふくれあがる。なぜ、ここまで激増したのだろう？　それは、昔からの聖なる文字をまだ使っていた神官たちが、

エジプトはいずれ死ぬのを知っていたからだった。占領者たちの高まる敵意に戦々恐々としていた彼らは、孤立し、自分たちの考えを知られないように、暗号としてのコードと、複雑な書き方を発達させた。こうして基本の原理を変えずに、「言葉遊び」がどんどん増えていった。そしてこのおびただしい数のヒエログリフが、生前最後の傑作、悲壮で、燃えるような歌を作っていたのだ。

あなたのいちばん素敵な横顔を、どうぞ！

ああ、このエジプト人の横顔！　どうして私たちは、エジプト芸術でものを描くときのこのやり方について、言ったり、書いたり、指摘したりしてこなかったのだろう？　フランスでは現代に至ってもなお、小型ケーキの広告から、新聞の見出しのロゴに至るまで、カレイのように平べったい横顔のエジプト人が、時代など気にするふうもなく平然と行進しつづけている。ところでヒエログリフは、ほんとうに横顔で描かれているのだろうか？　はい、それはそう。座った男 𓀀 から、立った姿のミイラ 𓀾 まで、たしかにほとんどの記号はこの方法でカットされている。書記にいわせると、現実のものをデフォルメせずに復元するには、いちばんいい方法なのだ。これだと書記の初心者も、すぐにすらすらと書けるし、よけいなことを考えずにすむ。いちばん素敵な横顔を見せているヒエログリフたちの、なんと魅力的なこと！

ここで一つ疑問がわく。ちまたで目につくヒエログリフのいくつかは、正面を向いているのでは？　はい、それも正しい。

三つ例がある。

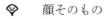　顔そのもの

　フクロウ

🪲　スカラベ（上から見たもの）

　だから、基本的にはまず横顔なのだが、それは定説ではない。正面も、少ないかもしれないが、禁止されてはいないのだ。

ヒエログリフには方向がない

　あなたならどの方向で書くだろうか？　変な質問？　それはそうだろう、フランス人はみんな左から右へ書くと思っている！

　またまた、私たちにとっては明白な事実を頭から捨てなければいけない。ある言語、たとえばアラビア語などは、右から左へ書き、そのほうが簡単なように見える。〔縦書きの日本語も〕

　では、ヒエログリフは？　それがもっともっと楽なのだ。右から左にも、左から右にも、水平にも垂直にも書けるのだから。

　状況をもっと近くから検討してみよう。再びわれらがアヒル🦆に登場願い、それに足🦵をそえてみる。

「アヒルと足」を書くのに、書記はいくつも方法を持っている。

　　　1.　　　→　　　🦆🦵

見てのとおり、水平方向で、左から右に書かれている。ルール
は簡単だ。碑文を読むには、「記号に向かって行き」、正面から見
なければならない。ヒエログリフの記号たちは、つねにテキスト
の冒頭を見つめつづけているからだ。

2.　　←　　

やはり水平方向だが、これは右から左。

3.　　→　　

　　　　↓

左から右、そして上から下。

4.　　　　←

　　　　↓

右から左、そして上から下。
　なんと、一つの言語に四つの局面があるのだ。右脳と左脳がこ
のように全力で働けば、きっと夢見もよくなるのでは？
　本書では、わかりやすくするために、フランス人の習慣どおり、
ヒエログリフを左から右に書くにとどめよう。そんな私たちを、
古代の書記たちは非難しないだろうが、腕が衰えたぐらいには思
うかもしれない。

正書法：苦労がなくて大助かり

　ヒエログリフがこれほど多くの愛好家を引きつけているのは、少なくともディテールの魅力に違いない。なぜなら、正しい表記法というものがないからだ。ヒエログリフのおかげで、面倒な綴り方テストがなく、テスト前の不安にさいなまれることもない。

　フランス語も、中世には正書法がなく、書き方が自由だった。

　もちろん、そうはいっても完全に自由ではなく、一つの単語をほかの単語で書くことはできない。しかし、一つの言葉に合う形がそれはそれはたくさんあるので、書記は辞書などで表記法を確かめる必要がなかったのだ。

　一つ例をあげてみよう。「生きている人たち」という言葉を書くのに、有名なヒエログリフ、♀「Ｔ型十字」または「生命の鍵」を土台に、次のようにいろいろと書ける。

リストはまだまだ続くし、どの形も書き方としては間違っていない。ああ、なんと恵まれていたヒエログリフの時代よ！

もう一つびっくりするのは、句読点がないことだ。どこを探してもピリオドもなければ、コンマもない。要するに、ヒエログリフ自体にそういう記号が一つもない。そして、これが解読にあたっての最初の難問になる。では、どうやって単語を分け、それぞれを引き離し、文の始まりと終わりは、どうすればわかるのだろう？

方法はある。つまり「限定符」といわれるもの、別の言い方をすると、象徴文字としてのヒエログリフで、一つの単語の最後におかれ、その単語がどの部類に属しているかを示すものを、まず見つけること。

その一つ、 ▬ 丸めて封印したパピルスは、その前の単語が抽象的な概念の部類に属しているのを示す。だから、 ▬ があると、そのあとに別の単語が始まると確信できる。

もちろん、このように一つのテキストで違う単語を見分け、それぞれを切り離し、単語と単語の関係を構築できるようになるには、実際にやってみて、ボキャブラリーを増やしていくしかないのだが。

カイロのエジプト博物館‖石碑ではよくこのように、神を
崇敬する行為が、供物やヒエログリフの文と結びつけられ
ていた。太陽神と、礼拝する女性のあいだの供物台に、
永遠に新しくされた食物が載っている。

第4章

おかしなアルファベット

さて、いよいよ私たちは大きな試練の入口にきた。これからヒエログリフのアルファベットについて探るのだが、私たちにとっては驚くことがけっこうある。

できれば、この種の集中力や記憶力はごめんこうむりたいところだが、その点に関してすべてのエジプトの神々の意見ははっきりしている。あきらめて従わなければならないそうだ。

まず、簡単な事実から。ヒエログリフのアルファベットには子音しかなく、母音がない。なぜかって？　母音は話し言葉の発音によってたえず変化するのに対し、子音は力を失うことがないからだ。

その結果、私たちが手にしているヒエログリフの言語は、時に関係のない、強固で、変更不可能なものとなっている。しかし、当時どのような母音が使われ、どう発音されていたかは、誰にもわからない。

一見したところでは、すべてが単純に見える。私たちのアルファベットに合うヒエログリフを覚えれば十分で、それでよしというわけだ。

では、エジプトのアルファベットの文字を一つずつ、エジプト学者たちが使う辞書と、用語集の順に従って検討してみよう。

A［ア］

　この美しい鳥はハゲワシ、別名「エジプトハゲワシ」だ。中世の版画で、これがワシになる。ファラオは天に昇るために、このハゲワシの形をとることができる。

　しかし、ちょっと待って、A［ア］は母音では？　いや、それは単なる目の錯覚だ。実際、この「ア」は、私たちの使う母音ではなく、ヘブライ語でいうアレフ、つまり「弱い子音」なのだ。

　以下の文字、I［イ］、Y［イ］、Â［アー］、OU［ウ］、も同じ。微妙なニュアンスを言いはじめるときりがないので、私たちはそんなことを気にせず、このエジプトハゲワシを「ア」と読み、この「ア」は子音だと強力に思い込むことで我慢しよう。

i［イ］

　これは花の咲いた葦(あし)で、私たちはi［イ］と読む（これも私たちの母音イではない）。

　花の咲いた葦が二つ並ぶと、

読み方はY［イ］。斜めの線が二つでも同じ読み方。

Y［イ］

前に伸ばした腕で、手のひらを天に向けて広げていると、動作を表わし、Â［アー］と読む。

Â［アー］

OU［ウ］

ウズラのひな、または小さなウズラは、OU［ウ］という音に相当する（音声的にwと書かれることも多いが、近い発音は「ウ」）。

OU［ウ］

渦巻きは、もっとも純粋な生命を表わす表現の一つで（渦状銀河を考えてみよう）「ウ」という音を表わすのにも使われる。だから同じ音「ウ」が、あるときは動物の形（ウズラのひな）、あるときは幾何学的形になるというわけだ。

B［ブ］

まっすぐな足でB［ブ］と読む。

P［プ］

このヒエログリフは腰掛け、しっかりした土台、彫刻の台座、よく石にたとえられ、P［プ］と読む。

F［フ］

　角のあるクサリヘビは、ヒエログリフとしては美しいが、この
ヘビに嚙まれると致命的。F［フ］と読む。

　　　　　　　　M［ム、エム］

　正面から見たフクロウは、M［ム］と読む。内面性と関係があり、
とくに「なかに、なかにあるもの」という意味を書くのに使われ
る。

　　　　　　⌒　　　M［ム、エム］

　同じ音を書くもう一つの方法は、動物の肋骨（ろっこつ）のヒエログリフ。

　　　N［ヌ、ン、エン］

　この折れ線は、水だけでなく、あらゆる形のエネルギーも想像
させる。たとえば、女神たちがオシリス神に磁力をかけるとき、
彼女たちの手からこの記号が出ている。このヒエログリフはN［ヌ、
ン］と読む。

　　　　　　　　N［ヌ、ン］

　同じ音を書くもう一つの方法は、ファラオの赤い王冠で、渦巻

きのあるのが特徴。

◯　　R［ル、エル］

このヒエログリフは開いた口を表わし、R［ル］と読む。

⊓　　H［フ］

このヒエログリフは簡単な建物の図面で、たぶん平原にある葦
の小屋だろう。H［フ］と読む。

ξ　　H［フ］

ねじれた亜麻の房は（ここには暗に三つの数字が含まれる。一つの房、
それを支える二つの足、三つの環）、私たちの言語にない音を書くの
に使われるのだが、私たちは同じく H［フ］としている。

⊜　　KH［ク］

じつは、このヒエログリフのほんとうの正体は何なのか、いま
だに問われている。胎盤なのか、それとも、エッセンスをより分
けて、保存する「ふるい」なのか？　音はドイツ語の NACH の
CH〔方向を意味するナーハのハ〕に相当するのだが、ここでは慣例
に従って KH と記し「ク」と読む。

KH［ク］

これは、乳房と尾のついた動物の腹。やはり、私たちの言語にはぴったり合う音がなく、近いところで KH［ク］。

S［ス］

カンヌキを表わすヒエログリフの音は、S［ス］。

S［ス］

折りたたんだ布。高い身分の人が持っていることが多く、これも S［ス］という音を書くのに使われる。

簡略体は　　　CH［シュ］

水がいっぱいの貯水池で、CH［シュ］という音に相当する（英語の CH［チュ］ではない）。

Q［ク］

これは、丘の斜面。Q［ク］という音に相当する。

K［ク］

この記号は、取っ手のついた籠で、音は K [ク]。

〔記号〕　G [グ]

壺立ては、G [グ] という音に相当する。

〔記号〕　T [ト、トゥ]

半円形の形をしたこのヒエログリフが表わしているのは、おそらくパン。T [トゥ] という音を書くのに使われる。

〔記号〕　TCH [チュ]

この記号は、動物をつなぐ綱。TCH [チュ] (または英語の無声の TH [ス]) と書けるような音に相当する。

〔記号〕　D [ド、ドゥ]

指を集めた手で、親指と手首のある記号は、D [ドゥ] という音に相当する。

〔記号〕　DJ [ジュ]

しっぽの上で身を起こす大コブラは、DJ [ジュ] という音に相当する (英語の jean [ジーン] の「ジ」のような音)。

ヒエログリフのアルファベットとその発音

ヒエログリフ	フランス語音	万国共通の エジプト学の用法
𓅓	A	ꜣ
𓇋	I	i̯
𓇌	Y	y
＼＼	Y	y
⏤◻	Â	ꜥ
𓅱	OU	w
℮	OU	w
𓃀	B	b
◻	P	p
⏤	F	f
𓅓	M	m
⊂	M	m
〜〜〜	N	n
𓈖	N	n
◇	R	r
🗆	H	h
𓊝	H	ḥ
●	KH	ḫ
⏤●	KH	ẖ
⏤●	S	s
Ⲫ	S	s
▭	CH	š
◿	Q	ḳ
⏝	K	k
▨	G	g
◠	T	t
▬	TCH	ṯ
🠦	D	d
🐍	DJ	ḏ

一音、二音、三音……

　さて私たちは、私たちの「アルファベット」を使って、十分に満足できるルールを発見した。

　一つのヒエログリフ＝一つの音

　しかしそれだと、28個のヒエログリフにしかお目にかかれない！ それ以外はどうなるのだろう？

　答えはとても簡単、とも言える。他のヒエログリフは一音ではなく、二音、三音、四音、あるいはそれ以上の音に相当するというわけだ。

　たとえば、目を例にとってみよう。

　これはいわゆるアルファベット文字ではない。というより、一音ではなく、二音に相当して、IR［ィル］と読む。

　この単語は、アルファベット文字を使って次のように分解できる。

IR［ィル］＝ I［ィ］＋ R［ル］

　しかもありがたいことに、書記は私たちが読みやすいように、単語を分解して書き、どんなアルファベットで「構成」されているのかを示すこともできる。

$$I[イ] + R[ル] = IR[イル] (IRIR[イルイル]ではない)$$

　ではここで、すでに話題にしたヒエログリフ、「生命の鍵」または「T型十字」を再び例にとってみよう。

　これは三音に相当し、読み方はÂNKH[アンク]で、Â[ア] + N[ン] + KH[ク]に分解される。

　書記はこの単語も時に、音の構成を示すアルファベットに分解しても書ける。そうしてもらうと、私たちも三音という複雑な音の単語を覚えずにすむのだが、その場合も基本のアルファベットはちゃんと知っておかなければならない。

$$Â[ア] + N[ン] + KH[ク] = ÂNKH[アンク]$$

　残念ながら、多くのテキストではこのように分解して書かれていない。書記は私たちが、アルファベットを覚えるだけでなく、ほかにたくさんある二音、三音の記号の読み方も覚えなければいけないとふんでいる。

　エジプト学の入門者は、記号の長い長いリストと、それぞれに相当する音を、かなりの忍耐力と粘り強さをもって学ばなければならないのだ。

王家の谷、ラムセス6世の墓∥ヒエログリフの列に守られて、神の世界を
航行する太陽の舟。そのなかで新しい太陽の復活が準備される。

第**5**章
「はい」と「いいえ」がない!?

ヒエログリフにはない
be動詞とhave動詞

　現代のフランス語でひっきりなしに使っている二つの単語といえば、英語でいう be 動詞と have 動詞、そしてそのさまざまな変化形だろう。ほんとうにどこにでも顔を出し、なくてはならないものなので、これなしですますのは不可能なように思われる。

　それなのに、ヒエログリフは、私たちの言語の二大スターに大きな場所を与えていなかった！

　have 動詞に関しては、立場は簡単、この動詞はヒエログリフにはない。とはいっても、「所有」とか「所属」という概念は、いろいろな方法で言い表わすことができる。そのままヒエログリフに翻訳するのは不可能かもしれないが、私たちの言語で「彼女は家を一つ持っている」は、ヒエログリフなら「彼女の、家」、「彼女のための、家」……etc. という言い方ができるだろう。いずれにしろ、ニュアンスにまかせる部分が大きい。

「be」動詞に関しては、立場は「have」動詞ほど惨めではない。ヒエログリフでは、「私は、あなたは、彼は……」とは言わず、「生きている私」とか「存在する私」というふうに、「……は」のあとに何が言いたいかで、いろいろな言い方をする。

　それでも「は」のような動詞はある。

　おっと、想像力をかきたてないように！　19 世紀のフランス語

辞書「リトレ」によると、「be」動詞とは、
「一つの節の主語と属詞を結びつける単語」

　そんな動詞なら、ヒエログリフにもちゃんとある。この単語だ。

　二つのアルファベット文字でできていて、

I［ィ］＋ OU［ゥ］＝ IOU［ィゥ］

　何度もいうように、これは完全な意味での「be」動詞ではなく、
主語と属詞を結びつける道具で、「花は野原に」という文の「は」
のようなもの。私たちは簡単だからと「は」にするが、代わりに
「……にある」「生えている」「咲いている」とも書けるだろう。

「はい」と「いいえ」
「よい」と「悪い」

　私たちは「はい」と「いいえ」もよく使うが、それに合う意味の
ヒエログリフを見つけるとなると、これまた大変だ。

　エジプト人たちは、「はい」や「いいえ」で自分の考えを表わさ
なかった。

　それよりは、「私はこれをした」とか、「私はこれをしなかった」
と言うほうを好んだ。

　　　　　　　　Y［イ］

　これは、「もちろんそうです」と訳すには訳せるが、単語とし
てはそれほどよく使われない。

　　　　　　　　N［ン、エン］／ NEN［ネン］

　伸ばした二本の腕で、無力さを示しているこのヒエログリフは、
「いいえ」と訳せないことはないが、本当の意味は「……ではな
い」で、全体の文を否定するのによく使われる。
　だから、「はい」とか「いいえ」ではなく、どちらかというと、
やったか、やらなかったか。それがエジプト人たちの姿勢である。
　そのかわり、「よい」と「悪い」を意味する単語はよく登場し、
それもとても強い意味で使われる。たとえば、前の晩に見た夢の
意味がよかったか、悪かったかをはっきりさせるのに、

　　　　　　　　NEFER［ネフェル］　よい、よく

　この記号は、動脈の気管と、心肺機能を表わしている。

　　　　　　　　DJOU［ジュウ］　悪い

　この記号は砂丘。危険で不吉な力がさまよう、不毛で荒れた場
所を表わしている。

サッカラ、イドゥト王女のマスタバ墳（方形墳墓）‖この鳥は、「ア」の文字を書くのに使われるエジプトハゲワシ。

第Ⅱ部

ヒエログリフが語る生命

第6章
生命とは何？

生命は鏡であり、
サンダルの革ひも

エジプトのヒエログリフでもっとも有名なのは、すでに出会った「生命の鍵」または「T型十字」かもしれない。

♀　ÂNKH［アンク］　生命

エジプトの賢人たちはなぜ、この方法で生命を象徴したのだろう？　言い換えると、このヒエログリフはいったい何を表わしているのだろう？

♀は、銅でできた鏡、光を「とらえる」神の金属とされたもの。儀式の道具でもある鏡は、星と宇宙の愛の女神、ハトホル女神と結びついている。

♀はまた、サンダルの革ひもを上から見た図でもある。これについて、一つエピソードがある。私が高名な物理学者、ブリジョフ・カプラと討論したときのことだ。彼に、エジプトでは生命をどう定義していたかと聞かれ、私がサンダルの革ひも、アンクだと話すと、彼はびっくりした。

それもそのはず、彼の説明によると、物理学者たちが「生命」現象を把握しようと、考えに考えて作成した最新のセオリーが、なんと、bootstrap……「サンダルの革ひも」〔超ひも理論〕という

名で要約されたというのだ。

　エジプト人たちは、生命［アンク］を、光源からの光を反射する力のようなものだと思っていた。そして、男たちの世界では、テキストのなかにある美しい表現を借りると、「足に道を与える」力のようなもの。ただし、足に合った履き物をはき、革ひもをきちんと結べば、という条件付きだが。

　♀［アンク］はまた、次の単語を書くのにも使われる。
　──「神の目」、なぜなら、生命を与えるのはこの目だから。
　──「小麦」、生命維持に欠かせない食べ物だから。
　──「花の冠」、「花束」、生命の素晴らしい表現だから。
　──「石の塊」、生命の安定性そのものだから。
　──「ヤギ」、ほとんど何もなくても生きのびる動物だから。

　♀［アンク］の記号はまた、「誓い」の概念にも使われる。なぜなら、誓うとは、生命をそそぎ込むことで、誓いを破るのは、生命を失うことだから。
　さてここで、素晴らしい単語を一つお見せしよう。

　これは「アンク」の記号が二つと、牛の耳二つで構成されている。読み方はただ単に「生きているものたち」。一般に「耳」と訳されているのは、エジプト人たちがこの言葉に与えていた本当の意味と、深い味わいを見落としている。
　年老いた賢人たちが、実際に私たちに教えたかったのは、生命

は耳から入り込むということだ。もし耳が開いていて、聴く能力
があれば、私たちは生きる。でももし、耳が閉じていたら、私た
ちはちゃんと生きられない。

　大賢人プタハヘテプの言葉を思いおこしてみよう。

「聴くことがよいと、言葉も役に立つ。
　聴く者は、利益をもたらすものの支配者だ。
　聴くことは、聴く者に利益をもたらす。
　聴くことは、何よりも素晴らしい。
（こうして）完全な愛が生まれる」

　生きるとは、古代エジプト人にとって、まず聴くことを知って、
聴き方を学ぶことから始まり、それから、歩き方や移動の仕方を
知り（サンダルの革ひも）、そして最後に、神の光をとらえる鏡に
なることなのだ。

存在は花であり、 野ウサギであり

「生命は一つの存在ではない」と、あるユーモア作家は書いた。
エジプト人なら否定しないだろう。「存在する」、この地上に生き
る、というのを表わすのに、エジプト人は植物と動物、二つのヒ
エログリフを使っている。

　　　　　❁　　OUN［ゥン］　花
　　　存在する

OUN ［ウン］　野ウサギ
存在する

　古代エジプト人たちは、たしかに花に情熱を抱いていた。神殿の壁面には、神々への捧げ物としての花が数多く見られ、芸術的に盛りあがった花束を描いている絵がたくさんある。

　エジプト人の夢は、花の咲き乱れる庭を持つことだったのではないだろうか？

　そうでなくとも古代エジプト自体が、つねに灌漑され、手入れされた、本物の庭だった。その頃の、華美で美しい風景をおしはかるには、墓に彫られた浅彫りレリーフを見るだけで十分だ。矢車菊、マンドラゴラ、ユリ、その他の素晴らしい花々が、競うように魅力を振りまいていた。しかも、どれも滋養に富み、治療薬の調合に欠かせないものだった。

　たしかに、「存在」は咲いた花、というのはわかる。

　しかし、耳の長い野ウサギもそうなのだ。ここで気づくのは、聴く能力という考えと繁殖という概念だ。野ウサギの生殖力の強さは、誰もが知るところだから。

　野ウサギは、一度死んで蘇生したオシリス神のシンボルだ。エジプト神話ではオシリスは、弟のセト神に殺され、体を分解され、それから妻である偉大な魔術師イシス女神のおかげで再生された。だから、野ウサギのヒエログリフ「ウン」（存在する）を書くことで、書記は巧みに、オシリスの不滅性をも描いている。

　オシリス神につけられる名前でよく見かけるものの一つが、

　　　　OUN［ウン］　　　　　　　NEFER［ネフェル］
野ウサギ　　　　　　　　　完全な

　この表現は「よい人間」「生が再生された者」と訳されることが
多い。

　こうみると、エジプト人がみんなオシリスになりたがっていた
のがよくわかる。おのれの存在を、もしそれが正しくてよいもの
だったら、永遠のものに変えるために。

ラメセウム（ラムセス2世葬祭殿）‖
ヒエログリフを司るトト神が、ファラ
オたちの名前を書いている。

第**7**章
ファラオとの出会い

ファラオは「大きな家」

「ファラオ」という言葉は、直接にエジプト語に由来する〔ヘブライ語パルオーを介して〕。

☐	PER［ペル］	⧘	ÂA［アーア］
家		大きな	

ヒエログリフ ☐［ペル］は、所有地を表わす簡単な図で、「家」という意味。ヒエログリフ⧘［アーア］は、柱を表わし、ここでの意味は「大きい」。

この言い方でもわかるように、ファラオはたんなる政治家や権力者としてではなく、象徴的な存在としての「大きな家」「大神殿」と考えられていた。大きな家の役割は、エジプトのあらゆる神々や人民を中に迎えいれることであり、その保護者がファラオだった。

最後の頃のヒエログリフ、エジプトにどんなファラオも君臨せず、国王の名もあげられなかった頃の碑文には、すべてのファラオを表わす象徴としての名前、☐ ⧘［ペル アーア］が、石に彫られているだけだ。

ファラオは葦であり、ミツバチ

エジプトの遺跡を訪れると、たいてい人は、次の二つのヒエログリフの表現がやたら多いのに気づくだろう。

と

いずれもファラオを示している。では、もっと近くから検討してみよう。

SOUT［スウト］　　　　　NY［ニイ］
葦に　　　　　　　　　　　属するもの

この表現がまた複雑で、何世代にもわたるエジプト学者の研究があって初めて正確に解読できた！　　は葦［スウト］で三音文字（S［ス］＋OU［ウ］＋T［ト］＝ SOUT［スウト］、私たちが読みやすいように、［ト］が　の横に彫られている）。

　　は……ひっかかりやすい略字。読み方は「エン」「ニイ」で、意味は「に属するもの」「と関係あるもの」。

ヒエログリフの順番がこうだから、研究者は長いあいだ「スウテン」と読んでいたのだが、より深い研究が行われた結果、順番を逆にして、「ニイ スウト」（葦に属するもの）と読まなければいけないことがわかった。単語の「葦」は、その重要性を強調するために頭におかれたのだ。

そう、ファラオは「葦の人」。葦やイグサ、パピルスなど、きわめて役に立つ植物と同一視されていた。これらの象徴的な植物

61

でたくさんの物、書記が文を書く台から、サンダルまでが作られていたのだから。こうしてみるとファラオは、考える葦というだけでなく、人民にとってなくてはならない、どの部分をとっても役に立つ素材でもある。

BIT［ビイト］　ミツバチの人

　ここではエジプトの王を、ミツバチと同じものとして見ている。この驚くべき昆虫は、厳密な幾何学の法則にのっとって巣を作り、不動のヒエラルキーを遵守し、黄金の液体、蜜を生みだす真の錬金術師として行動する。

　それだけではない、花が存在できるようにもする。もしミツバチがいなくなったら、花たちもいなくなってしまうだろう。ここで思い出してみよう。花は「ウン」（存在する）という意味だった。ファラオ―ミツバチのおかげで、存在も可能になるというわけだ。精力がつくというので評判の「ロイヤルゼリー」や、普通の蜂蜜、なんであれミツバチが働いて巣で作るものは、エジプトでは貴重で高価なものとされていた。一般に思われているのと違って、エジプト人たちが甘味料に使っていたのは蜂蜜ではなく、果物の汁（とくに、ナツメヤシやイナゴマメの実）だった。

　蜂蜜は特別な場合にだけ、多くは医薬として使われた。最近の研究でわかったのは、その驚くべき殺菌力と傷をふさぐ効用だ。ファラオ―ミツバチは、人民の病気を治し、国民の健康に気を配る人なのだ。同じ語幹、BIT［ビイト］「ミツバチ」はまた、「よい行い」「よい性格」「品性のある人」を書くのにも使われる。こうして、よいファラオを言い表わそうとしているのでは？

「葦の人」は、南の王、つまり上エジプトのファラオを示し、白い王冠、をいだいている。

「ミツバチの人」は北の王、つまり下エジプトのファラオを示し、赤い王冠、をいだいている。

　ファラオの役割は、南と北を結びつける、つまり二つの王冠を一緒にいだくこと。そしてこの二つはうまくはまり合い、よく見かける形、になる。

　二つの王冠がこのように一緒になった記号は「強い二つ」、PA-SEKHEMTY［パーセケメテイ］、書きかえると、PSCHENT［プスケント］というギリシア語〔二重王冠という意味〕で、一部の辞書には出ているが、フランス語に当てはまる言葉はない。

ファラオ、V. S. F.

　現代は略語病の時代だが、エジプト学もごたぶんにもれずこの病にかかっている。フランスのいわゆる学者たちの書物を見ると、ファラオたちの名前の後ろに V.S.F. の三文字が並んでいることが多い。この略語は、素人にはまるでちんぷんかんぷんだ。

　注釈にはよく、V.S.F. は「vie（生命）、santé（健康）、force（力）」の略語と説明されているが、この古くさい訳はちょっといただけない。

　ヒエログリフではどのように言っているのだろう？　見てみよう。

♀ ÂNKH［アンク］はもうご存知のように、「生命」。

🔥 OUDJA［ウジャ］火をおこす道具は、「無傷の、無事に、繁栄した」を意味する。

∏ は∏〜∬、SENEB［セネブ］の略語で、「健康そのもの」。

　この三つこそ、人々がファラオに願ったもの。国を統治するのに欠かせない三つの特性である、生命、繁栄、健康が、つねにファラオにありますようにというわけだ。

　人々はまた、次のようなこともファラオに願っている。

DI	ÂNKH	RA MI	DJET
［ディ］	［アンク］	［ラア ミイ］	［ジェト］
恵まれますように	生命	ラーのような	永遠に

　ラーは光の神、太陽神で、「ファラオが、ラーのような永遠の生命に恵まれますように」となる。

ファラオは、
支配者であり奉仕者

　ファラオはエジプトの支配者で、その絶対的な存在は誰もが認めるところだ。なぜならファラオは、宇宙の均衡と正義、公正を司るマアート女神をその中心におき、いかなる独裁的な暴政も行

われないようにしたからだ。一つのヒエログリフがこの考えをう
まく要約している。

　　　　　　　𓋾　　HEQA［ヘカ］　　　統治する

𓋾 は、羊飼いの棒、牧羊の杖で、たえず羊の群れを導き、1 匹
でも迷子にさせないために使う。キリストが生まれるずっと前に、
ファラオもまた「よき羊飼い」と呼ばれていたのだ。このシンボ
ルは中世ヨーロッパに伝えられ、司教を象徴する杖になる。

　ところが、ファラオを示すのにもっともよく使われる言葉の一
つは、杖ではなく、

　　　　　　　𓍼　　HEM［ヘム］　　　奉仕者

𓍼 は杭(くい)で、垂直性、一直線、軸、安定性、という考えを形で表
わしたもの。習慣的に、エジプト学者たちは「ヘム」を「君主」と
訳すが、単語の本当の意味は「奉仕者」。同じ単語が、よく間違
えて「奴隷」と訳されていた。ファラオは最高の「ヘム」で、人民
の第一の奉仕者、つねに仕えるのを義務とする、唯一の存在だ。
そしてこれこそが、エジプトの君主制の大きな大きな意義だった。
君主制をまっとうする者は、奉仕しなければならなかったのだ
……もちろん自分のためにではなく。

「ヘム」は、頻繁に目にする表現に使われる。

　　　　𓊹　　NETER［ネテル］　　　　　𓍼　　HEM［ヘム］
　　　　神の　　　　　　　　　　　　　　奉仕者

ほとんどの書物では、「神の奉仕者」という表現は「神官」と訳され、意味が限定されている。ところが、エジプトの神殿において祭式を司る資格のある「神の奉仕者」はただひとり、ファラオその人だ。祭式のときは、神殿の奥の壁からファラオの像が降りてきて、神官の体のなかに一時的に身をおくのだ。

　エジプトの社会は、本当に素晴らしい奉仕社会だった！

ファラオは建築狂

　ファラオたちがたえず神々の住まいを建築していたことは、エジプトを何日か旅行するだけで十分に確認できる。その数の多さに、私たちは呆然とするばかりだが、それでも、神殿の 90 パーセントは破壊されてしまったというから驚きだ。

　すでに見てきたように、ファラオは「ペル アーア」（大きな家または大神殿）だ。つまり、ファラオ自身が建造物というわけで、だから、おもな義務の一つは

　　　　　IR［イル］　　　　　　　○○○　　　MENOU［メヌウ］
　創る　　　　　　　　　　　モニュメントを

　これも、神殿の壁面、とくにカルナックでよく見る表現だ。

　　、目の読み方は「イル」で、意味は「創る、する」。

　　、碁盤の目のあるチェス盤は「メン」と読む。

　○○○、三つの壺は、単語の複数形を示すのに使われるが、同じ読み方をする単語「ヌウ」（きわめて重要なエネルギー）との言葉

遊びにもなっている。王によって建てられた神殿は、このエネルギーが集まるところ……というわけだ。

単語の「メヌウ」（モニュメント）をみると、MEN［メン］という語幹（アメン神の名前のなかにもある）に気づくが、この意味は「安定している、ただしく設置される、恒久的な」。つまり、それがファラオによって建てられたモニュメントの特徴になる。

では、三つの有名なモニュメントを見分けてみよう。

HOUT［フゥト］ 神殿

これは、長方形の形をした図面で、なかに入る扉がついている。

MER［メル］ ピラミッド

TEKHEN［テケン］ オベリスク

命を与えるカルトゥーシュ

カルトゥーシュというと、一般に銃の薬莢だが、エジプト学では死の道具ではなく、その反対、命を与えるものである。このカルトゥーシュは、綱が卵の形におかれ、結び目で閉められている。

CHEN［シェン］

そして、このカルトゥーシュのなかに、ファラオの名前が彫られている。細かいことで重要なのは、このカルトゥーシュは伸び縮みし、王の名前が長いと、カルトゥーシュも伸びることだ。

　この記号が象徴するのは、ファラオが統治する宇宙の循環だ。ほら、これこそ、物理学者たちが頭を悩ませている、宇宙は有限か、膨張中かという問いに対する、エジプト人たちの答えだ。ファラオの宇宙は、王の名前を構成するヒエログリフの数に応じて、変幻自在なのだ。

　これらのカルトゥーシュこそが、ヒエログリフ解読の過程で決定的な役割を演じた。そう、何人かのファラオの名前のギリシア語の音訳を知っていた、シャンポリオンの目を引きつけたのだ。彼はそうして、いくつかの文字を区別して解読し、ほかの単語での使われ方を確かめた。こんなことはめったにないだろうが、カルトゥーシュが死者たちに再び命を与えたのだ！

ファラオの名士録

　何人かのファラオは、今流行りの言葉でいうと、知らないと「乗りおくれる」。そこで、エジプトの歴史を彩るスターたちの名前をあげておこう。

KHOUFOU = Khéops［ケオプス］

 KHOU［クウ］　　 F［フ］　　　OU［ウ］　（クフ）
守る　　　　　　　　　彼　　　　　　私を

＝彼（神）が私を守るように

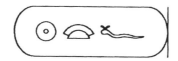

KHAEFRÂ = Khéphren［ケフレン］

⊙ RÂ［ラー］　　　☖ KHÂ［カー］　　　F［フ］
ラー神　　　　　　昇る　　　　　　　彼

＝ KHÂ F RÂ［カー フ ラー］　（カフラー）

＝彼が昇るように、ラー神*

　*……ラー神が頭にあるのは敬意から。

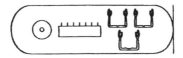

MENKAOURÂ = Mykérinos［ミケリノス］

⊙ RÂ［ラー］　　　▭ MEN［メン］　　 KAOU［カウ］
ラー神　　　　　ゆるぎない　　　力

＝ MEN KAOU RÂ［メン カウ ラー］　（メンカウラー）

＝ラー神の力はゆるぎない

HAT-CHEPESOUT = Hatchepsout［ハトシェプスト］

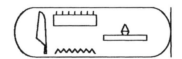 HAT［ハト］　 CHEPESOUT［シェペスウト］

=いちばんの貴婦人

IMEN HOTEP = Amenhotep［アメンヘテプ*］

IMEN［イメン］　　HOTEP［ホテプ］

アメン神（隠れた神）　　は平和なり

*……ギリシア名アメノフィス。IMEN をアメン、アモンと読むの
　はギリシア語読みなどによる。

TOUT-ÂNKH-ÂMON = Toutankhamon［ツタンカーメン］

IMEN［イメン］　TOUT［トット］　ÂNKH［アンク］

アメン神　　似すがた　　の生きているもの

= TOUT ÂNKH ÂMON［トット アンク アメン］

=アメン神（隠れた神）の生きている似すがた

HOR–EM–HEB = Horemheb［ホルエムヘブ］

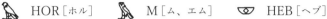

 HOR［ホル］   M［ム、エム］   HEB［ヘブ］

ホルス神　　　　　　　なかの、に　　　　祭

＝ホルス神は祭の中心にあり

RÂ–MES–SOU = Ramsès［ラムセス］

 RÂ［ラー］   MES［メス］   SOU［スウ］

ラー神　　　　　子をもうけたもの　　彼を

＝ラー神が彼をもうけた

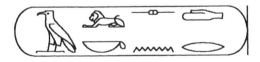

A–L–K–S–N–D–R = Alexandre　アレクサンドロス大王

K–L–I–O–P–D–R–A–T = Cléôpatre　クレオパトラ

これを見てわかるように、ギリシア、ローマ支配時代の君主たちの名前は、ファラオ時代の書き方と違っている。後者には意味があった。ファラオそれぞれの名前は訳すことができ、また訳さねばならず、そうすることで私たちは、そのファラオの深遠で象徴的な存在と、使命を知った。それにひきかえ、ギリシア、ローマ支配時代の王たちは、書記たちが彼らの名前の音を一字ずつ、子音だけを使って、書き写しただけだった。〔クレオパトラの最後の卵形が王家の女性を表わすように、一部に象徴的用法が残っている〕

カルナック ∥ ひざまずくファラオ。アメン神に供物を捧げ、神の手からアンク（生命）を受け取っている。

第 **8** 章
高官たちの宮廷で

　ファラオのまわりでは、高官たちが宮廷社会を作っていた。「大きな」人物は、柱 ÂA［アーア］、またはツバメ OUR［ウル］。君主の目に重要人物と映り、本物の偉大さを身につけていると思われるには、柱の直線とゆるぎなさ、あるいはまた、ツバメの優雅さと移動力を持っていなければならなかった。

　お偉方、行政官など、重要な責任を負う男性は、次のように言う。

　　　　　　　SER［セル］

　この単語は、見ておわかりのように、立った人物が、誇らしげに、権威の印の長い棒を持っている。ところで「セル」という単語はまた、「予言する、遠くを見る、知らせる」も意味する。古代エジプト人によれば、統治するは、予見することなのだ。

　最高の地位を占める人物は、ライオンの前部で示された。

　　　　　　　HÂTY［ハアティ］　頭、長

　よく見かける称号は、

	HÂTY［ハアティ］		Â［アー］
	最高の腕		先に行動する男

　これは、行政官や市長、集団を指揮する立場の公人を示す。
　これらの人は全員、どんなに重要な人物であろうと、次のこと
に従わなければならない。

	TEP［テプ］		RED［レド］
	頭		足

　つまり、成しとげる義務、よいやり方、正しい習慣、だ。

サッカラ、イドゥト王女のマスタバ墳 ‖ 豊かなナイルには、たく
さんの種類の魚がいて、食料と同時にヒエログリフにもなった。

74

練習問題
1

　さて、これまで親しんだヒエログリフをもっと面白くしてくれる練習問題だが、試すかどうかはもちろん、あなたの自由だ。でも、せっかくちゃんとした書記になろうとしたのだから、学んだことを確かめたいと思うのが普通では？

　というわけで、シャンポリオンの卵である皆さんにいくつかの難問を提供しよう。

質問：二人の若い書記がナイルのほとりを散歩している。先に歩いていたひとりがもうひとりに、「神を見た」と言う。友人は、すぐ近くの神殿の正面に目をあげて、うなずく。なぜ？

答え：書記は、ヒエログリフの記号 ⌐ を見たから。つまり、神殿の入口の塔門を飾る、旗の竿。

質問：∥［メドゥ］は「棒」を意味するが、またの意味は……？

答え：「言葉」

質問：エジプト人たちは「生命」という単語をどう書いたか？

答え：♀［アンク］

質問：石切り職人が、石切り場から出た二つの石の塊を検査している。最初の石には🔱の記号、二番目には◡の記号。どちらがよくて、どちらが悪いか、彼はどうやって判断するのだろう？

答え：🔱［ネフェル］は「よい」を意味し、
◡［ジュウ］は「悪い」を意味する。

質問：なぜよい生徒は ⚥⚥🐟 を持っているのか？

答え：この単語アンウウイはアンクの双数形で、意味は「二つの耳」だから。本当のところは「生きているものたち」なのだが。

質問：次の表現は何を意味するか？

⚥🧎　と　🐍🧎

答え：二つの表現とも、「ウンイ（ウニ）」と読み、「私は存在する」という意味。

質問：▭▐ の称号を持っているのはどんな人？

答え：ペルアーアは、「大きな家」「大神殿」だからファラオ。

質問：ファラオの名前の後ろにきまっておかれる三つのヒエログリフで、彼の生命と繁栄、健康を保証するものは？

答え：⚥　アンク：「生命」

　　　　🔱　ウジャ：「繁栄」

　　　　▐　セネブの略語：「健康」

質問：ファラオはなぜ手に ▐ 杖を持っているのか？

答え：「ヘカ」と読むこのヒエログリフは、「統治する」という意味
　　　だから。

質問：「奉仕者」という考えを表わすヒエログリフは？
答え： 杭 [ヘム]。

質問：「創る、する」という行いを象徴するヒエログリフは、人の
　　　体のどの部分？
答え：目、 [イル]。

質問：なぜ、奉仕者がライオンの頭に従うのは普通なのか？
答え： [ハアティ] は「長」を意味するから。

カルナック‖二重王冠をいただくファラオの保
護者、ハヤブサのホルス神。創造主の視線を
表わすもっとも美しいヒエログリフ。

第9章
ヒエログリフの空は
頭の上に落ちてこない

空は4本の支柱の上

空はこうだ。

$$\fbox{　}$$

このヒエログリフは、PET［ペト］と読み、4本の支柱の上にお
かれた机のようなものを表わしている（私たちには2本しか見えな
いが）。

大気の神、シュウ神は、空と大地を分けたとき、空が大地の上
に崩れ落ちないよう、しっかりした支柱の上においた。エジプト
人たちは、空が頭の上に落ちてくるのではないかと恐れていたの
だ。フランス人の先祖、ガリア人たちよりずっと前の話だ。

このヒエログリフを使って、いろいろな天体現象を表わすのも
可能になる。

空からぶらさがった綱に、5本の枝の星がついているのは、夜
を表わす。

　空から3本の折れ線が出ているのは、雨を描いている。

　ヒエログリフでは、空、PET［ペト］は男性名詞なのだが、空の女神、NOUT［ヌウト、ヌト］は女性名詞である。

　〇 原初のエネルギーをたくわえた壺は、NOU［ヌゥ］と読む。

　◠ T［ト］は、女性形の印。

　だから、あえて訳すなら「女性形の空」だろう。それと対となる、GEB［ジェブ］は男性名詞で、「大地」。

　それが星空になると、素晴らしい名詞になる。

　 KHA［カア］　　　 BA［バア］　　　 S［ス］
　千はその魂

　つまり、「星たち」の意味で、別の言い方をすると「空の女神の魂は千の星」。

　この表現は次のように分解できる。

　　　　　（睡蓮の葉）　=［カア］「一千」

　　　　　　　　　　　　=［バア］「魂」

∬ ＝［ス］三人称の女性形の所有代名詞で、この場合は空の女神につく。

✱✱✱ ＝星たち

太陽は月と会う約束を

⬭⊙　RÂ［ラア、ラー］　太陽

この単語は、動詞を表わす ⌒［ル］、人の口と、動作を表わす ▭［アー］、伸びた腕からなっている。

「ラア」は太陽神だが、太陽そのものを表わす太陽円盤は、次の有名な単語で示される。

𓏌⌒⊙　ITEN［イテン］

アテン神の形としてよく知られているものだ。この有名な太陽円盤は、新王国時代のアクエンアテン王とネフェルティティによって崇拝され、唯一神にまで高められた。

月という名詞は、らくに読める。

𓏌▭𓏏)　IÂH［イアーフ］　月

男性名詞だ。というのも月は、古代エジプト人によると、天の

81

力でも攻撃的で戦闘的、何か騒ぎを引きおこすものだからだ。
「新月」を書くのは、朝めし前。

私たちにおなじみのカレンダーのなかにも、エジプトのスタイルを守りつづけているものがあるのでは？

サッカラ、ティのマスタバ墳 ‖ 頭に
クサリヘビを乗せて座る男。全体で
支え持つという概念を表わす。

第10章
ヒエログリフで時間をみよう

年、月、日、時

　エジプトは、ある程度の時間の単位を確立していた。では、その基本的なものをあげていこう。

　　　　　RENPET［レンペト］　年

　この、四音文字の (R［ル］＋ N［ン］＋ P［プ］＋ T［ト］) は若芽を表わす。自然の豊かさのシンボルだ。

　レンペトは同時に、「年」と「食料」を意味し、幸せな年は人民に食べ物を与える、となる。レンペトはまた、「若い、若返った」で、毎年の新年は、「古い月」が消滅したあとの新しい誕生、新しい出発、となる。エジプトでは、新年の儀式はナイルに増水が戻る、七月に行われ、国をあげての祭りとなった。そのときは、ファラオに贈り物が捧げられ、人々は口々にお祝いを言った。

　　　　年　　　　　　　　NEFERET［ネフェレト］　よい
　　＝よい年を

　　　　　　ABED［アベド］　月

暦の月は三日月と星で書かれる。エジプトのカレンダーは、月の満ち欠けに基づいた陰暦で、一年は 360 日だった。

それでも天文学者たちは、宇宙のリズムに合わせて、一年を 365 日にする必要性をすぐに理解した。

余分な 5 日間は、非常に危険な期間とみなされた。古い年は死んだのに、新しい年はまだ生まれていない。恐ろしいメスのライオン、セクメト女神が、この時期を選んで悪疫や病気、不幸の一団を送り込み、それをファラオが、適切な儀式で追いやったのだ。

HEROU［ヘルゥ］　日

この単語は、最後の太陽で意味が限定され、「幸せな、満足な」という意味の語幹、HER［ヘル］につながっている。

GEREH［ゲレフ］　夜

この単語は、空から星がぶら下がった夜空で意味が限定され、「沈黙」という意味の語幹、GER［ゲル］で構成されている。

別の言い方をすると、日は幸せな時間で、夜は沈黙の時間ということか。

OUNOUT［ウヌゥト］　時間

この単語は次のように構成されている。

OUN［ウン］＋ OU［ウ］＋ T［ト］＝ OUNOUT［ウヌゥト］

★星は、「時間」という単語が宇宙現象に属するのを示し、⊙太陽は、この単語が時間の概念に属するのを示す。時間は存在（ウンは「存在する」）を強調し、野ウサギのように強い繁殖力で増えつづける。

さらにつけ加えると、動詞のウンは、「早く行く」。時間は早く流れるというわけだ。

昨日、今日、明日

時間で、今がいつなのかを知るために重要な単語を三つ。
最初の単語は簡単に読める。

SEF［セフ］　昨日

⊙は、この単語が時間を表わす言葉に属するのを示す。

MIN［ミィン］　今日

🏺は、液体の入った壺で、取っ手がついている。これは三音文字「ミィン」になる。

✴︎ℰ⊙　　DOUAOU［ドゥアウ］　明日

✴︎星は、ここでは三音文字、D＋OU＋A＝DOUA［ドゥア］。
ℰは「ウ」だから、「ドゥア」＋「ウ」＝「ドゥアウ」は、もっと
正確にいうと「明日の朝」。

エジプトの季節は三つ

私たちが知っているのは、春、夏、秋、冬。三か月ごとの四つ
の季節だ。

ファラオのエジプトが知っていたのは、三つの季節で、それぞ
れが四か月だった。

〰〰　　AKHET［アケト］　洪水
⬤⌒
（七月の終わりから十一月の初めまで）

〰〰 は、洪水で浸水した土地に若芽や植物が生えている。

この場合のみ三音文字で、

A［ア］＋KH［ク］＋T［ト］＝AKHET［アケト］

書記はよく、KH［ク］と一緒に、女性形を表わすT［ト］を書き、
読みやすくしている。これは女性名詞だからだ。

この季節は、語幹AKH［アク］をつけて呼ばれ、AKHET［アケト］
は「光り輝くもの」「役に立つもの」と訳すこともできる。

この意味はとくに明快だ。なぜなら、大地が増水によって灌漑され、耕地が肥沃な泥土になるときだから。

PERET［ペレト］　外へ出る季節

（十一月の終わりから三月の初めまで）

冬とされるこの季節は、同じく女性名詞で、小麦が育つ季節。

この名詞は、動詞の PER（P＋R）［ペル］、二音文字で構成される。書記はよく、動詞を表わす ［ル］をつけて、わかりやすいようにする。 は、女性形の「ト」で、最後の ⊙ は、時間的な意味だという限定符。

動詞の「ペル」は「のぼる、出る」という意味で、「ペレト」は、植えられたものすべてが、大地からのぼって出る季節をいう。

CHEMOU［シェムウ］　暑い季節

（三月の終わりから七月の初め）

収穫のときであると同時に、酷暑の季節。月が進めば進むほど、洪水から遠ざかり、人々は次の洪水を待つようになる。

この単語は、 CH［シュ］と、 MOU［ムウ］、そして時間的な意味を限定する ⊙ で構成されている。ここで面白いのは、この季節が男性名詞、つまり乾燥しきっている時期なのに、水でいっぱいの池と、水の記号で構成されていることだ。賢人たちが教えたかったのは、たぶん、シェムウの季節は、貯水池の水を使わなければならないということだろう。

アスワン、豪族のサレンプト2世の墓‖見事なヒエログリフの
なかに、波状の角を持つ雄羊と象がいるのがわかる。

第 11 章
ヒエログリフの自然

なんて美しい、私の流域よ！

エジプトの風景がどんなものだったかを知るのに、よく出てくる単語をいくつかあげよう。

    TA［タア］　大地

これは、平らな土地と、砂の粒三つ。大地や国を表わすのに、もっともよく使われる言葉だ。

    TAOUY［タアウィ］　二つの大地、二つの国

この表現は、二つの大地、つまり下エジプト（デルタ）と上エジプト（ナイル流域）からなるエジプト全体を示す。

    KHASET［カセト］　山岳地方、砂漠地方、外国

三つの砂丘で構成されたこのヒエログリフは、ナイル流域の東西を取り囲む山岳地帯を表わす。

AKHET［アケト］　光の地方、地平線

　毎朝、太陽が暗闇から出てくるところ。太陽が現われるのは東方、二つの山のあいだで、夜の魔力に打ち勝ったあとだ。アケトはまた、ファラオの墓の名で、この場合は永遠に昇る太陽と同じに考えられている。

SEKHET［セケト］　畑、牧草地

　このヒエログリフは、沼地で肥沃な黒い大地から、花の咲いた葦が三本と、葦または睡蓮の芽が三つ出ているのを表わす。

　 の記号、CHA［シャア］花の咲いた池は、「始まり」という概念を与えるのに使われる。生命の最初の現われは、原初の水の外へ飛びだすことだから。

　HA［ハァ］「パピルスの一株」はまた、「後ろ、後ろにあるもの」を意味し、保護者のようなニュアンスもある。今日ではなくなってしまったパピルスは、茂るとうっそうとした森になり、身を隠すにはもってこいの場所だった。そう、イシス女神が、セト神に命を狙われていた息子のホルス神を隠したのは、なんとパピルスの茂み！　古代エジプトではそれほど安全で、快適なところはなかったのだ。

木の根元で、エジプト人は幸せに生きた

　古代エジプト人たちは木をとても大切にした。古代には現代よりたくさん木があったのだ。

　天の女神ヌトは、イチジクの木のなかに住んでいた。この話から連想するのは聖母マリアだが、彼女もエジプトに滞在したとき、木のなかに身を隠した。

　木を表わす名詞は、意味がとてもはっきりしている。

　　　　　IMA［イマア］　木

　＝I［イ］

　鎌は二音文字で、MA［マア］。

　最後の木は限定符だから、この単語は「イ」＋「マア」＝「イマア」で、この場合のみ「イマア」と読める。

　ところで、ここで語幹となっている「イマア」の意味は「甘い、優しい、魅力的な、楽しい、思いやりのある、好意的な」。ということはつまり、木は最高の、生きる楽しさのシンボルということだ。木陰に座り、近くの枝に冷たい水の入った革袋をかけ、鳥の歌声を聞き、畑の緑とナイルのきらめきを眺める、これぞ至福の極みではないだろうか？

　MA［マア］の音は、古代エジプト人たちにとって重要な木の名前にも見られる。

　　　　　MAMA［マアマア］　ヤシ、シュロ

この言葉は「とても楽しい」「とても甘い」と訳すことができる。これらの木はどの部分も、実から根っこまで使われた。ヤシのおかげで、人々はサンダルや腰布、扇子を作り、木は家を建てる梁になる。

木について、聖書を思わせる表現があるのだが、これはエジプトからきているのかもしれない。

　　∾　　　KHET［ケト］　　　♀　　　ÂNKH［アンク］
　　木　　　　　　　　　　　　　生命の

∾ 小枝は二音文字で、●［ク］＋⌒［ト］。

♀ T型十字は、すでに見てきたように三音文字。「ア」＋「ン」＋「ク」。

この「生命の木」という表現は、とくに、植物を支える幹を表わした。生命と同時に、栄養素全体を与えるものだ。ファラオは、エジプトの社会にとっては本当の意味での生命の木で、社会に精神的、物質的栄養を与えなければならない人とみなされていた。

増水は跳びはねる若者

かつてギリシアの歴史家ヘロドトスが書いたように、古代エジプトはある意味で「ナイルの賜物」だった。だから、ナイルの名前に当てられていたヒエログリフを知っておくのは基本だろう。呼び方でもっともポピュラーなのは、

〔ヒエログリフ〕　ITEROU〔イテルゥ〕　河

〔ヒエログリフ〕
I〔イ〕＋ T〔ト〕＋ R〔ル〕＋ OU〔ウ〕＝ ITEROU〔イテルゥ〕。

　最後にある━━、運河の記号は限定符で、この単語が水の通路を表わす言葉の部類に入ることを示している。

　エジプトを流れる唯一の河、ナイルは、増水のときに肥沃な泥土を大地に残し、国に水と繁栄をもたらした。驚くべき自然現象だったこの増水も、現在は、アスワン・ダムのせいでなくなってしまったが。

〔ヒエログリフ〕　HÂPY〔ハアピイ〕　増水

〔ヒエログリフ〕
H〔フ〕＋ Â〔アー〕＋ P〔プ〕＋ Y〔イ〕＝ HÂPY〔ハアピイ〕。

　この単語は、水や波を象徴する三本の折れ線で意味が限定されている。

　浅彫りのレリーフでよく見かけるのは「ハアピイ」が腹のぷっくりふくれた人の形をしていて、乳房は重くたれさがり、頭は海草におおわれ、食べ物をたくさん持っている姿だ。

　しかし、ハアピイという言葉を形成する語幹の意味は「跳びはねる、ほとばしる」。だからハアピイは、土地を肥沃にするために岸辺に跳びかかる、熱血漢の若者として描かれるのが普通だろう。

　ああ、しかしそのハアピイも消えてしまった！「跳びはねる

若者」はいまや、ダムの貯水湖、ナセル湖の水に囚われの身、最愛のエジプトに会えなくなって心を痛めているはずだ。

第12章

おしゃべりな動物たち

　哺乳類、鳥類、爬虫類(はちゅうるい)、トカゲ類、魚類、そして昆虫類、これら動物たちがかなりの数のヒエログリフになった。優れた自然の観察者でもあった古代エジプト人たちは、動物を、神の力、創造者としての特質が具象化したものとみなし、一目おいていた。

おかしな鳥たち！

　鳥類の王、ファラオの保護者とみなされているのは、ホルス神の姿でもあるハヤブサだ。

　この名詞の意味は「遠くにいるもの」(空に)、「遠方」で、遠目が利くもの。
　ハゲワシは、

単語の MOUT［ムゥト］「母親」と同義語だ。というのも、この獰猛そうな鳥は、じつは異常なほど熱心にヒナの世話をするからだ。しかし、「恐れ、心配」という単語を書くのにも使われるので、死とも関係がある。

正面から見たフクロウは、

アルファベットの「M」を表わすほかに、「なかにあるもの、内側にあるもの」を書くのにも使われる。

大トキは、エサを探して身をかがめている形だと、トト神の化身になる。

GEM［ゲム］と読み、「見つける」という意味になる。知恵の神様だから、ヘマなんかしないのだ！

美しいコウノトリ、大ハクチョウの一種で、胸にこぶがついているのは、鳥の魂で、BA［バア］。

華麗なアオサギは、

エジプトのフェニックス、BENOU〔ベヌウ〕〔ベンヌ鳥ともいう〕で、創世記の水面から出た原初の丘の頂にとまり、豊かな実りを象徴する。

次の二つの鳥は、書き方がとても似ているので、混同しないように。最初はツバメ。

この鳥は大きさの概念を表わし、ファラオが天に昇るときなど、ツバメの形をとることもある。

二番目は、ツバメと区別するために尾を二叉に分けて描く鳥で、スズメ（またはヒバリ）。小ささや、悪、病気を意味し、単語の最後にこの鳥の記号があると、それらの単語はそういう部類に入るという限定符になる。

さて、アヒルだが、

私たちはこの記号で、「息子」または「娘」を書く方法を学んでいる。

この図と形がかなり近いのが、ガチョウだ。

どこから見ても空を飛ぶ鳥の類なのに、大地の神、ゲブの化身とされる。ガチョウは「きちんと備わった、必要なものを備えた」という概念を表わすこともあるが、破壊の概念も表わす。

　ガチョウが羽をむしりとられ、束ねられると、

　恐れ、心配の同義語だ。

　面白いのは、ピーピー鳴いて、エサを要求するヒナ鳥で、

　これはほかでもない、大臣のシンボル、エジプトの首相なのだ！　いろいろな文書によると、この高官の職務は「胆汁のように苦く」、部下が命令をちゃんと実行するよう、たえず叱咤激励していたそうだから、それを暗に示しているのではないだろうか？

牡牛、ライオン、雄羊……
強い哺乳類たちがヒエログリフをしっかり守る

　哺乳類の王で、ファラオの化身とされるのは、野生の牡牛だ。

　見事な雄姿を持つ力強い動物。若きラムセス2世のような、将来の君主を約束された人物は、砂漠でこの動物を投げ縄でとらえるのを学んだ。この牡牛の読み方はKA［カァ］、意味は「創造する力」。それゆえファラオは、腰布に牡牛の尾をつけているのだ。

　この野生動物はもちろん、普通の牛、食肉として最高の動物と混同してはいけない。野生ではない、去勢された雄牛は美や幸せ、生きる楽しみと同義語だ。そして「聞く、従う、聴く」という概念、古代エジプト人たちにとって大きな美徳を書くのに使われるのは、後者の牛の耳だ。

　首に公式印をつけた野生のヤギ、アイベックスは、貴族のシンボルだ。

　ライオンは、横たわっているのがいちばん多く、

　用心、警戒という概念を表わしている。というのも、エジプト神話では、ライオンはつねに目を開けているとされるからだ。

　ライオンの前部 は、卓越した人、とくに重要人物、首長を示し、後部 は、極限の、根底の概念を表わす。

　雄の羊は、

　アメン神（隠れた神）と、物を作るクヌム神の化身で、BA［バア］「表現」という言葉を書くのにも使われる。雄羊の頭 は、畏敬の念を抱かせるもののシンボル。

　ジャッカルは、横になっていても、立っていても、

　あの世の守護神で、ミイラ作りの神、アヌビス神の化身。また、高官や判事のシンボルでもある。

　忠実な飼い犬となると、ミイラにされ、来世までご主人についていくほど愛されていた。猫は、鳴き声に似て覚えやすい名詞、MIOU［ミィゥ］と呼ばれ、犬と同じように敬意を払われていた。

　キリンは、

　観察するにはもってこいの首の長さから、「遠くを見る」「予言する」という概念を書くのに使われた。

　では、ゾウは？　この動物は、初期の第一王朝以前にエジプトの地から消えてしまったようなのだが、思い出はいつまでも残っていた。というのも、上エジプトの第一州の州都が、ギリシア語でゾウを意味する「エレファンティネ」だったからだ。現在はその名もアスワンに変わっているが。

　力とか、力強さを書きたい人は？　次のなかから好きな記号を
どうぞ。

　　　　　　　☊　　　　牡牛の頭

　　　　　　　𓄀　　　　ヒョウの頭

　　　　　　　𓄿　　　　ジャッカルの頭と首

　　　　　　　🝡　　　　牡牛の腿

　繰り返すという概念を示したい人は？
　𓂝牛の脚とひづめを書けばよし。そう、何度も何度も地面を
引っかくのだ！

ワニからミツバチまで

　ワニは、攻撃性と激怒のシンボルだが、ファラオの好戦的で征
服欲のある面を表わすのに使うこともできる。

　より平和を好むカメは、

不吉な生き物とされるいっぽう、蘇生のシンボルともされる。カエルもそうだ。

　古代エジプトでは、天気予報とは関係がない。
　古代のナイルには魚がたくさんいた。それもあって干し魚は、エジプト庶民の基本的な食料の一つだった。
　オクシリンコスという舌を嚙みそうな名前〔ギリシア語〕の魚は、死体とか、悪臭を放つものすべてを示すのに使われる。

　なぜなら神話によると、セト神に殺されて解体された、オシリス神の性器を飲みこんだのがこの魚で、イシス女神が蘇生させるときにその部分がなかなか見つからずに苦労したからだ。
　他の魚はもっとポジティヴな役を演じている。ボラはそう。

「行政府」(州の) を書くのに使われた、形のよいヒラメは、蘇生の補助者だ。

　スカラベは、もっともポピュラーなヒエログリフの一つで、

まさに幸運を呼ぶもの。「生まれる、この世に現われる、変身する」という概念を書くのに使われる。

　ミツバチは、すでに見てきたように、昆虫としてはもっとも高位に昇りつめ、王の象徴となった。そう派手ではないが、イナゴもヒエログリフにある。王が大地から空へ跳ぶときに、イナゴの形をとることがある。

サッカラ、メレルカのマスタバ墳‖号令を出
す杖を持つ貴族が、そのまま偉大という概念
を表わすヒエログリフになっている。

第13章
男と女の話

切っても切れない仲の夫婦

　ヒエログリフの書き方では、男と女が一緒になって「人類」を意味する。

　ムッシュウは横向きに座り、かつらと腰布をつけ、右手を前に伸ばして、威厳と誇りが感じられる。マダムも同じく横向きで座り、物静かに動かず、かつらとドレスをつけている。書記が人類や人の集団、社会について語るときは、人類全体を説明するのに不可分の男と女、二つのヒエログリフを使う。

　シャンポリオンが書きとめたように、一つの文明の大きさは、その文明が女性に与える地位によって決まる。この視点でいくと、ファラオのエジプトは正当に第一位を要求できるだろう。

人類、または神の涙

「人類」という単語を省略しないヒエログリフで書くと、

 REMETCH［レメチュ（またはレメス）］

R［ル］＋ M［ム］＋ TCH［チュ］＝ REMETCH［レメチュ］

　これを見てわかるように、「人類」という単語を構成するのは、言葉を話す能力を象徴する、人間の口 ⬮、と、内面のシンボル、フクロウ 🦉、そして、社会生活を送るのに必要な規律を暗示しているのが、動物をつなぐ綱 ▬。

　さらに、単語の語幹となっている「レム」には、「泣く」という意味がある。事実、ある文書にははっきり、太陽は悲しみの瞬間に人類を産みだしたと書いてある。創造主は、人類が陰謀を企て、破壊し、傷つけあうのを見て涙され、その涙で生まれたのが人類なのだ。

男はカンヌキ、または貴族の布？

　個人の男の書き方は、

　アルファベット文字の ➤ S［ス］〔Eを補ってエスと発音してもよい〕と、座る男の限定符で構成される。ところで ➤ は、どう見てもカンヌキで、それ以外は考えられない。というわけで、私たち

の目の前にいるのは「男－カンヌキ」、言い換えると、カンヌキ
されて、自分自身と自分の個性に閉じこもる男だ。

「女、個人の女」を書くには、同じアルファベット文字に、女性
形の印 T［ト］を加え、最後に座る女の限定符をおく。

SET［セト］　女

　もう一つ、男と女を書く方法がある。それは、カンヌキ ━●━
の代わりに、同じアルファベット文字の ‖［ス］をあてるのだが、
この記号は貴族が手にする布で、彼らの職務を象徴するものだ。

　しかし、この書き方は前者にくらべると非常に少ない。という
ことは、個人は貴族よりカンヌキされて個性を抑えることが多く、
共存を余儀なくされたという意味だろうか？

男は隠さない

　男と女は、みなさんご存知のように、まったく似ていない。古
代エジプト人は恥ずかしがりやではなかったし、裸も禁止されて
おらず、おまけにヒエログリフは何も隠さなかった。だから、男
は特徴をさらけ出している。

　男の性器と睾丸を表わすこのヒエログリフの意味は、「セック
ス」「男根」「オス」。

　液体を出している男根は、「子をもうける」または「小便をする」という意味。〰 は MET［メト］と読まれ、体のどの部分といわず「脈」「管」を表わす。

　　　　　KHEROUY［ケルウイ］

男の下の一物

［ク］＋［ル］＋［ウ］＋［イ］＝［ケルウイ］、「男の下の一物」。

　この単語はまさしく、睾丸で意味が限定されているのだが、これからもわかるように、エジプト人にとっては恥ずかしいものでも、上品なものでもなく、ただ単に下にあるものだった。この単語はまた、「支えもつ部分」「支える部分」と訳すこともできる。

　命名に関してそれほどケチではないヒエログリフは、男の体のこの大切な部分に、いかにもという感じの名前を二つ与えている。「赤い色」(INSOU［インスゥ］)と「財布、袋」(ISOUI［イスウイ］)だ。

女は新鮮な水の井戸

　男が体の特徴をもとに描かれているとしたら、女性はもっとポエティックに表現されている。

ㅂ ♙ HEMET［ヘメト］　女

　私たちはすでに、女性形の ⌒［ト］と、座る女の記号は知って
いる。わからないのは ㅂ だが？　これは新鮮な水でいっぱいの井
戸、泉で、それから類推するに子宮、女性の性器である。

　この ㅂ は二音文字で、HEM［ヘム］と読む。これと同じ語幹「ヘ
ム」はまた、「船の舵」「職人の手腕」を意味する。女性はたしかに、
家族と家庭の舵取りではないだろうか？（そこから、家の女主人、主
婦という言葉がきている）。また、舵取りとは無縁ではないが、女
性は人を操るのもとても上手なのでは？

　水がなにより貴重な暑い国で、女性を日常の幸せの源、新鮮な
水源として敬っているとは、なんとも感動的ではないか？

　もう一つ、知っておいて悪くない単語がある。

　♙ ♙ ∿∿ ♙ HOUNET［フウネト］

　♙　　　♙　　　∿∿　　　⌒
　H［フ］＋ OU［ウ］＋ N［ン・エ］＋ T［ト］＝ HOUNET［フウネト］

　この単語「フウネト」には二重の意味があり、「若い娘」と同時
に「目の瞳孔」も示す。なんとも美しいイメージだが、ラテン語と、
それから派生するフランス語も、「瞳孔」という単語には少女と
二重の意味があるのだ。

　エジプト人たちが、いかに目を重要視し、物事を成就するシン
ボルにしていたかがわかったところで、私たちも若い女性には敬
意を払うようにしたい。

王家の谷、トトメス３世の墓‖理想の女性、イシス。金を象徴するヒエログリフの上でひざまずき、オシリスを蘇生させる準備をしている。

第**14**章
体がヒエログリフになると？

おしゃべりなポーズ

　男は座ることもできる。この形は、私たちが見てきたように「男」という単語を表わす。

　座った女性は「女」だ。

　男が手を口にあてていると、いろいろな意味が派生する。

　まず、食べるとか飲むという動作にかかわる言葉。それから、話す、あるいは黙るという行為にかかわる言葉。そして、考えるという行為にかかわるいくつかの言葉だ。

　座った男が、壺から出る水に両手を差しだしていると、

「お清め」とか「清らかさ」という概念を表わす。

　男がこの姿勢でへたりこみ、ぐったりしていると、「弱さ」と

か「疲れ」、そして疲れると必要な「休息」という概念を表わす。

　座っているからといって、必ずしも休息にならない。座った男が頭に荷物を持っていると、「荷物を積む」「運ぶ」「仕事をする」という意味になる。

　裸の子どもが指を口にあてていると、「子ども」「若い」という単語を表わす。

　いっぽう、人が椅子に座っていると、「貴族」「立派な人」という概念を象徴する。

　また、男が姿勢を正して立っていると、ほかの意味が派生する。

　立って、腕を伸ばし、手のひらを空に向けていると、「熱愛する、崇拝する、祈る、尊敬する」という意味になる。

　立って、一本の腕だけ伸ばしていると、呼んでいるという意味。

しっかり棒を握っていると、努力、時には暴力という概念を表わす。

もし、男が暴行を働き、重大な過ちをおかすと、頭を下にさせられて、地獄に落ちる人の姿勢になる。

古代エジプトのような建築文明では、建築にかかわる行為は基本とみなされ、臼をつく男や、壁を作る男で表わされた。

片手に棒を持ち、もういっぽうの手に布を持っている男は「地位の高い人」「貴族」。

体を曲げ、棒につかまっていると、「老人」「年長者」になる。

敵や騒乱の扇動者、反乱者はぐうの音も出ないほどとっちめなければならない。というわけで、そういう男たちはひざまずいて、両手を後ろで縛られている姿で表わされた。

　真実の女神、マアート女神の規則にのっとって人生を生きた人にとって、最高の幸せは、ミイラになって蘇生することだ。この姿勢は「死ぬ」という概念を表わすが、また、永遠に目覚める前の「眠る」という概念も表わす。

🛏

とても表情ゆたかな顔

　顔や顔の部分はたくさんのヒエログリフになっている。
　🜚 は「頭」、ヤギひげ付きだ。◈は「顔」、正面から見たところ。👁 は「目」で、これは横から見た図。
　横から見た顔 👃 は、「鼻」「呼吸」「喜び」を表わす。〜 は半開きの口、🦷 は上唇と歯、🪶 は髪の束、〜 は眉。

113

力は首にあり

　ずんぐりして、頑丈な人をいうのに、フランス語では「牡牛のように太くたくましい首」の持ち主という言い方をする。古代エジプト人なら、そのイメージを否定はしなかっただろう。牡牛を王者の力と男らしさのシンボルにしていたからだ。しかし、彼らも力は首にあるとしていたものの、ヒエログリフでは違う動物を選んでいる〔日本語にも猪首、イノシシのように太く短い首という表現がある〕。

　　　𓌀　　OUSER［ウセル］　強い、力のある金持ちの人

　ジャッカルの頭と首は、ミイラ作りで、魂の導き人でもあるアヌビス神の化身というのはすでに説明した。この記号はたぶん、蘇生のプロセスで重要な瞬間、頭が首につけられて、永遠の体に再構成されるのを暗示しているのだろう。
　力を表わすもう一つの書き方は、

　　　𓋴　　SEKHEM［セケム］
　　　支配する、……に力をおよぼす

　つまり、ファラオや国の高官の手によく見かけるこの笏を、うまく操るということだ。

手の遊び

　🖐は前に伸ばした腕で、手のひらを広げて上に向けている。同じ腕でも、握りこぶしで棒を持っていると、🖐、努力や力、勝利を表わす。握っているのが笏だと、🖐、「捧げる、指導する、導く」というような意味を表わす。それが 🖐 の形だと、腕は腕でも「腕尺」(0.52 メートル) だ。伸ばした両腕 🖐 は、拒否を表わす。

　上にあげた腕 🖐 は、KA [カア] (魂) の記号で、下にさげて、かかえるようなしぐさの腕 🖐 は、「包む、抱きしめる」という意味になる。

　手は次のような記号で表わされる。

　🖐、横から見た形で、指を閉じ、親指が強調されている。握りこぶし 🖐 は、「つかむ、握る」という意味。

手を伸ばして……提供しよう

　最近のように不景気な時代は、手を伸ばして施しを乞う人たちに町でよくお目にかかる。

　しかしこの、手でものを乞うというしぐさは古代エジプトにはなかった。人が手を伸ばすと、その手には他人に与えるパンがあったのだ！

　🖐　　　DI [ディ]　与える、提供する

与えるとは、食べ物を与えることで、他の人がものを食べて健康でいられるようにすることだ。昔の賢者の考え方に従えば、利己主義の幸せなどないからだ。

　寛大な人は、AOU DJERET［アゥ ジェレト］「長い手を持っている人」で、「長い腕の持ち主」＝影響力のある人というフランス社会とは大違いだ。

　エジプトでは、手が長いほど、捧げものも重要だったということになる。

　その証拠が、墓の壁によく刻まれている短いテキストだ。寛大であろうとした古代エジプト人たちの様子がよくわかる。

N［エ・ン］	SEDJER［セジェル］	S［エス］
ない	夜をすごす	人は

HEQEROU［ヘケルウ］	M［エム］	NIOUT［ニイウト］	I［イ］
空腹で	では	町	私の

＝私の町では人は空腹で夜をすごさない

親指をおこう！

　仕事をうまくこなすには、バランスをはかり、公正を心がけ、正義にそむかないようにしなければならない。それらすべてを表わしている言葉が、

　　　　　　　　　　　　　ÂQA［アーカア］
正確な、正しい、細かく気をくばる

　フランス語では、「親指をおく」と「あきらめる」という意味になるのだが、エジプトでは反対で、最大限の注意を払って仕事に取りかかるという意味になる。
　二つの親指は、ほかの単語にも出てくる。

　　　　　　　　　　　　　METER［メテル］　証言する

　ここでエジプト人が強調しているのは、「証言する」勇気を持つには、腰布の下に ⌒ があったほうがよく、しかも証言に正確を期すために、迷わずに親指を出すということだろう。

足になろう！

　Λ の記号はよく出てくる。動いている両足は「行く、来る」という意味で、動くという分野に入る単語すべての限定符にもなる。
　ΛΛ は、「行って戻る」「入って出る」という意味。
　真っすぐの足 ┛は、「足」「足先」と同時に「場所」（足を休める）も示す。
　その足が曲がっていると ∫、やはり「足」「足先」だが、この場合は「膝」や「急いで移動する」という意味もある。
　足の上の壺から水が流れている記号 ⌶ は、浄化のシンボル。

そして足の指 **111** は、目的達成の概念を表わす。足の指がしっかりしていると、うまくいく！

質問：なぜ ⟨ヒエログリフ⟩ は星を含んでいるのか？

答え：なぜならヌウトは天の女神だから。

質問：次の記号 ⟨ヒエログリフ⟩ は昼か夜か？

答え：昼。⟨ヒエログリフ⟩ [ラァ] は太陽だから（質問では限定符 ⊙ が省略されている）。

質問：エジプトではよい年を願うのに何と言ったか？

答え：⟨ヒエログリフ⟩ [レンペト ネフェレト]「よい年を！」

質問：一家の母親はなぜ ⟨ヒエログリフ⟩ の終わりを恐れたか？

答え：このヒエログリフは「アベド」と読み、「一か月」を意味するから。

質問：⟨ヒエログリフ⟩ のあいだに寝るのはよいことか？

答え：昼寝以外はよくない。この単語はヘルウ、「昼間」という意味だから。

質問：なぜ 🜚⊙［ミイン］は 🜚🜚［セフ］よりよく、★☽⊙［ドゥアウ］よりよくないことを願うのか？

答え：ミインは「今日」、セフは「昨日」、ドゥアウは「明日」という意味だから。

質問：▭〰⊙［シェムウ］の季節のあいだは服を着なければいけないか？

答え：太陽を避けるためにのみ。なぜなら暑い季節、エジプトの真夏だから。

質問：住むには 〓〓［タア］と、〰〰［カセト］のどちらがよいか？

答え：タア「大地、国」は生きている人に、カセト「砂漠」は死者によい。

質問：最高の幸せはどこで見つかるか？

答え：🜚🜚🜚［イマア］「木」の下。この名詞の語幹イマアは「幸せ」の意味。

質問：なぜエジプト人たちは 🜚🜚〰〰 を辛抱強く待ったのか？

答え：ハアピイは増水だから。

質問：「母親」はどんなヒエログリフで象徴されるか？

答え：ハゲワシ 🦅［ムウト］で。

質問：貴族を象徴する動物は？

答え：野生のヤギ 🐐 。

質問：予言する能力を象徴する動物は？

答え：キリン 🦒 。

質問：「生まれる、変身する」はどう書くか？

答え：スカラベ 🪲 ［ケペル］で。

質問：「男」と「女」を書くのに使うヒエログリフの記号は？

答え：―●― 、または ∥［ス］。

質問：🐱 の意味は？

答え：「女」（限定符 🪑 がついて）、この単語を「ヘメト」と読んで。

質問：🚩 の意味は？

答え：この記号は「ウセル」と読み、「強い、力のある、金持ちの人」
　　　という意味。

質問：「与える、提供する」はどう書くか？

答え：▰▱［ディ］という記号で。

サッカラ、メレルカのマスタバ墳‖ヒエログリフの二つの
記号。左の鞭はオシリス礼拝と関係があり、右の扇は「影」
という単語を書くのに使う。影は人の死後も生き残るもの
の一つ。

第15章
ヒエログリフの愛

愛とは？　鍬（くわ）、運河、そしてピラミッド？

　MER［メル］　愛する

　鍬は土を掘るもので、二音文字「メル」。それが「愛する」という単語になるのは、最後に口に手をあてた男の限定符があるときだ。

　なぜ、こんなに重要な動詞をこのように書くのだろう？　理由はこうだ。鍬は、第一神殿の基礎工事で、〔日本の鍬入れ式のように〕まずファラオが溝を掘るのに使った道具で、ひとつの景観、つまり後世に残る作品を作りはじめるときの最初の一歩となるもの。また、農夫が使うと、土地を耕して肥沃にさせる道具になる。

　古代エジプト人は愛において、感情やロマンチックな気持ちをもっとも重要とはとらえていなかった。それよりは、新しい関係を作りだし、それが長続きして、深いものにすることに価値をおいていた。

　ところでメルの同義語に「運河」という意味がある。そういえば、愛とはエネルギーの循環であり、運河を通っていくのは、水と同じくらい大切な活力ではないだろうか？

　もう一つのメルの同義語は「ピラミッド」、ファラオと神々を結ぶ愛のシンボルだ。

鍬、運河、ピラミッド……ここでヒエログリフが強調している
のは、愛の建設的な役割と思われる。しかし、同じメルが土台に
なった文字で、最後に悪の鳥の記号があると、その意味は「病気」
になる。たしかに、人は愛で死ぬこともある……。

愛、優しい愛……そして、僕の哀れな最愛の人

　肉体の愛は、次のヒエログリフで象徴される、歓びや優しさを
ともなう。

　　　　NEDJEM［ネジェム］　優しい、楽しい

　この記号は、イナゴマメの実を表わす。その昔、エジプトの風
景でよく見かけられた美しい木だ。実はとても美味しく、人々は
その実で甘いジュースを作っていた。
　愛の歓びについていうと、人が絶頂に達するとネジェムネジェ
ム「優しい、優しい」というデリケートな言葉の洗礼を受けてい
た。
　さて「愛し合う」は、簡単に解読できる。

　　　　　　　　NEHEP［ネヘプ］

　ここで土台になっている文字「ネヘプ」には「気を使う」「動悸
がする」「うめき声をあげる」などという意味がある。
　男は、愛し合っているときに、殊勲をたてようとばかり思って

124

はいけないということだろう。なぜなら、ÂBÂ［アーバー］「男根」崇拝は、へたをすると ÂB［アーブ］「から威張り」になってしまうからだ。

　古代エジプトの恋人たちは、恋人を呼ぶのに「僕のかわいい小鳥」というような気の利いた言葉を使っていた。これは万国共通だ。ところで、フランス人がよく使う「シェリー（最愛の）」はどうだろう？　これもちゃんと単語がある。

　　　　　CHERI［シェリ］

　しかし、図を見ると悪の鳥が最後にあり、「小さい人」「か弱い人」という意味になる。つまり、最愛の人は哀れで小さな人、ということか？

　また「知る」という単語は、高度な頭脳の働きに関係があるとはかぎらず、親密なつき合いをしている人をさすこともある。ヒエログリフの文字法では、その違いがよくわかる。

　　　　　　REKH［レク］　知る（テーマや分野について）

　この場合は、最後に限定符として封印されたパピルスの巻物の記号がある。抽象的な概念のシンボルだ。

　同じ言葉でも、

　　　　　　REKH［レク］　知る（愛する人を）

　この場合は、最後に人を知るという非常に具体的なシンボル、

ペニスから精液の出ている記号の限定符がある。

幸せになるには、緑色の人生を

🌱　　OUADJ［ワジュ］　パピルス、力強い

このヒエログリフはパピルスの茎だ。ワジュは文字どおり「パ
ピルス」という意味のほか、「緑になる」「力強い、健康な、裕福な、
幸せな」という意味もある。

幸せとは、パピルスのように緑になることなのだ。賢者プタハ
ヘテプはあえて、真実の言葉を探すより、幸せのシンボル「緑の
石」を探したほうが簡単だと言っている。またコブラの女神
OUADJET［ワジェト］は、ファラオを庇護し、自分の特徴である
緑色でエジプトに活気を与えている。自然こそが、最高の幸せを
表わすのにふさわしい表現法なのだ。

　　🛏　AOUT［アウト］　　　　♡　IB［イブ］
　　広さ　　　　　　　　　　　　心の

の意味は「喜び、幸せ」。たしかに、心が狭くて偏屈だと、非
常に悲しいものだ。

笑うはこうだ。

　　SEBET［セベト］

最後に歯の記号があり、よく見ると笑っている形なのがわかる。
よく使われていた表現で、エジプト人が大切にしていたのは、

IR［イル］　　HEROU［ヘルウ］　　NEFER［ネフェル］
する　　　　いつか　　　　　　　幸せに

意味は、いつの日か人々が、何をするにもわきまえた行動で、
首尾よく、立派に、完全に成功「ネフェル」したことをいう。
幸せをまっとうするには友情がなくてもいいのだろうか？

ÂQ［アーク］　　　　　IB［イブ］
内面に入り込む人　　　　心の

とは本当の友、信頼できる人のことだ。

カルナック、コンス神殿の塔門 ‖ 二つの塔門のあいだ、扉の上
に、暗闇との戦いに打ち勝った勝利の太陽が現われた。

第 16 章

親と子ども

私の父は、ヘビ

　　IT［イト］　父

　このヒエログリフには、エジプト学を学ぶ若い学者たちがひっかかりやすい楽しい罠（わな）の一つがある。実際、これまでの研究の成果やアルファベットの知識があると、私たちは自信満々で三つの文字を識別する。

　　　= I［イ］

　　　= T［ト］

　　　= F［フ］

I［イ］＋ T［ト］＋ F［フ］＝ ITEF［イテフ］

　ところがこんな単語は存在しないのだ！　どうしてそうなるのか……?　私たちのアルファベットが間違っているのだろうか?

　ではもう一度このヒエログリフを検討してみよう。目で見た印象と違って、この単語の場合、いやこの単語の場合だけ（たぶん、父親役を遂行するのは難しいという理由からだろう）、この記号ツノクサリヘビは「フ」とは読まない。ここではアルファベットではなく、「父」を表わすシンボルとなっている。

　というわけで、この言葉は「イト」と読まれ、ツノクサリヘビの記号は限定符になる。したがって、父はヘビ？

　それにしてもなぜ古代エジプト人は父を、とりわけ危険で、子どもを死に至らしめる力のある、有毒の爬虫類とみなしていたのだろうか？　しかし、どんなテキストにもレリーフにも、そのような恐ろしい状況は描かれていない。そう、ヘビはヘビでもこれは神話のヘビ、「大地の創造者」を暗示している。神話のヘビは人類の保護者とみなされ、土地を肥沃にするために地中を循環するポジティブなエネルギーのシンボルだ。さらに同義語として、「イト」には「大麦」という意味がある。父が子どもに与えなければならない基本の食料である。

母は、ハゲワシ

MOUT［ムウト、ムト］　母

　母の場合、読み方は簡単だ。アルファベットの記号に父のときのような罠はないからだ。

M［ム］＋ OU［ウ］＋ T［ト］＝ MOUT［ムウト］

　この単語は最後にメスのハゲワシの記号があるときだけ「ムウト」と読まれる。

　父が地上の生き物なら、母は空というのはわかるが、しかしハゲワシとはあまり感じのよい動物ではない！　と思うのは私たち

現代人で、エジプト人にとってハゲワシは、素晴らしい母親の化身、ヒナの世話をするのに最大限の注意を払う鳥だった。ムウトはまた、カルナック神殿の大女神、アメン神の妻の名前でもある。

　ヒエログリフの教えは素晴らしい。母であるハゲワシは、空を飛ぶ生き物でありながら、死骸を解体するためならいとわずに地上に降り、死を生命維持に欠かせない食べ物に変えて、彼女自身の命にした。たったこれだけのヒエログリフで、古代の人間の生活に密着した秘儀にまで思いを馳せることができるとは、素晴らしいではないか！

そら豆を飲み込みました

　この単語 ⟨ヒエログリフ⟩ はとても雄弁だ。

I［イ］＋ OU［ウ］＋ R［ル］＝ IOUR［イウル］

　この単語は最後にある限定符、女性の記号で意味が決まってくる。いつものように座っていて、かつらをつけ、横の姿で、お腹が丸い女性。疑いもなく、父であるヘビが母であるハゲワシのなかにそっと入り込んだという記号。それがイウル「妊娠」だ。

　ところで、イウルという単語にはもう一つ、「そら豆」の意味がある。フランス語には、このおめでたい出来事にたくさんの表現があるが、ファラオの時代の女性は、優しい夫に彼の子を身ごもったと伝えるのに、直接的な表現ではなく、それに近い言葉で伝えなければならなかった。「あなた、私、そら豆を飲み込みま

した」と。

角……すべてを開けるため

どういうわけか私たちフランスの文化では、角はあまりよく思われていない。しかしエジプトでは逆だ。偉大な神々、アモン、オシリス、クヌム神などは、堂々と角をつけている。それどころか対になった角は、いちばん重要な言葉を書くのに使われている。

　　OUP［ウプ］

ウプは「開ける」「始める」という意味で、さまざまな表現に使われる。
　——出産のときは子宮を開ける。
　——ミイラに蘇生の儀式を行うときは、顔や口、耳を開ける。
　——あるセレモニーを始める、または年を明ける。
　——道を開く。
　この「開く」という意味にはまた、「識別する、判断する、分ける、区別する」なども含まれる。なぜなら二本の角が表わすのは、知性があれば物事の二つの局面を切り離さずに識別できるということだからだ。

生まれて成長するために、
三枚の皮とスカラベ

　子宮が開かれたら、いよいよ出産だ。

　　　　MES［メス］　生まれる

　二番目のヒエログリフは、しゃがみこんで腕をさげ、疲れているような女性。彼女の下から新生児の頭と手が見える。

　古代エジプトの女性たちは、大勢の産婆に支えられ、立って出産していた。

　一番目のヒエログリフ、は、三枚の動物の皮が上で一緒に束ねられたもので、「メス」と読まれる。

　これは「〜から生まれる」という意味なのだが、なぜこんなに奇妙な記号なのだろう？　神から生まれるファラオにも、普通の親から生まれる子どもにも使われるのに？　その理由は、エジプトでは誕生とは、三枚の皮の外へ出るものだと思われているからだ。三枚の覆いとは、おそらく宇宙の三重概念——空、中間世界、そして大地——に通じるのだろう。ある文書には「三はすべての神である」と書かれ、三という数字はしっかりと構成されたものの全体を具象化しているのがわかる。

　もう一つ、誕生を表わすのにスカラベを書くという方法もある。古代エジプト人が不死の象徴として崇めた神聖甲虫だ。

　　　　KHEPER［ケペル］
　生まれる、生を得る、…になる、発育する、変身する

　人間は生まれるだけでは不十分、成長して発育しなければならない。スカラベは、エジプト人の目に、本物の錬金術師として映っていた。「脚」にはさんだ糞の球をころがしながら、新しい太陽が生まれる準備をした昆虫として。夜明けの太陽がスカラベにたとえられ、暗闇から抜け出した新しい命のシンボルとされるのは、そういうわけだ。スカラベの神はKhepef［ケペル］（Khepri［ケペリ］と書かれることも多い）と名づけられている。

　古代エジプト人は、自分の地位が昇進したり、人生の節目で一つの段階を登ったときなど、「私は、私のスカラベをまっとうしました」という表現で人々に伝えた。つまり、幸せな変身をとげたという意味だ。

命の息、または帆にはらむ風

　水が命に欠かせないものだとしたら、もう一つ、エジプト人がよく引き合いに出した基本の要素がある。命の息だ。

　これがないと、どんな生き物も生息できない。その概念を表わすのに、次のようなヒエログリフが使われている。

　　　　TCHAOU［チャウ］　空気

　帆柱と、風にふくらんだ帆だ。風は描かれていないが、記号の状況からその動きがわかり、絶対にそうだと思われる。

　このヒエログリフは「命の息」を表わすのに使われる。神々がファラオに与え、それをファラオが人民に与えるものとして。

この命の息の恩恵に永遠に浴するのが、蘇生におけるもっとも大きな幸せの一つだ。

　そしてまたこれは、新生児が必要とする基本の糧でもある。命の息があって初めて、生まれて最初の試練に立ち向かうことができるのだから。

息子と娘、またまたアヒルの話

　生まれた子どもは、命の息の恩恵を受け、成長を始める。ところで、男の子か女の子かはどうしてわかるのだろう？

　ここで再びアヒルに登場してもらおう。 は SA［サア］と読まれる。

　もし、それが男の子なら、次のように。

　　　SA［サア］　息子

　アヒルの後ろに男の記号がある。

　もし女の子なら、

　　　　　　　　SAT［サアト］　娘

　アヒルの後ろに女性形を表わす ▱［ト］と、座った女の記号がある。

子どもとは、無知な生き物

　子どもを表わすのにもっともよく使われる単語は、

　　　KHERED［ケレド］　子ども

KH［クコ］＋ R［ル］＋ D［ド］＝ KHERED［ケレド］

　この単語の限定符は裸の子どもで、手をぶらさげ、右手を口に
当てて静かにしている動作を表わしている。

　もう一つ、子どもを示すのは、

　　　ID［イド］

I［イ］＋ D［ド］＝ ID［イド］

　この単語も、最後にさっきと同じ子どもの記号の限定符がある。

　ところが、この「イド」には「耳が聞こえない」という意味もあ
るのだ！　子どもはエジプトでは、親が犠牲的精神ですべてを捧
げなければならないアイドルではなく、教育しなければならない
生き物とみなされていた。なぜなら、生まれてすぐは知恵のある
言葉も耳に入らないのだから。だから子どもには、賢者プタハヘ
テプが言うように、「背中にある耳を開けて」教えるのがふさわ
しかったのだ。

　無知という観念を示すのには、こう書く。

⊜𓅓𓂝　　　KHEM［ケム］　知らない

●　　　　𓅓

KH［ク］+ M［ム］= KHEM［ケム］

　この単語の意味を決める限定符は、ピンと張った二本の腕で、拒否や無能の動作を表わす記号だ。

　ケム「知らない」はまた、「壊す、悪いことをする、害を与える、乾く、不毛」という意味でもある。このことからも、古代エジプトでは無知が何を招いていたかがわかるのでは？

　それもあって、エジプトの社会では教育が重要な場所を占めているのだが、ヒエログリフほど大きな学問ではない。なぜならヒエログリフは、表に見えるものの下に隠されたもっとも深い真実を知るための学問だからだ。

カルナック∥ファラオに降伏した外国の国々。手を縛られた人物で表わされ、名前がカルトゥーシュのなかに刻まれている。

第**17**章
いろいろな名前

名前という単語は二つのヒエログリフからなっていて、解読は簡単だ。

REN［レン］　名前

名前を与えるという行為は、エジプト人にとってとても重要だ。なぜなら、レン「名前」は、人が肉体的に死んだあと、神々の裁きで正しいと認められたら、その人が来世で生きていくときの顔の代わりになるからだ。

ここでレンが、動詞を表わす人の口 ⌒ と、エネルギーを表わす 〰 で構成されているのに注目しよう。つまり命名とは、エネルギーを形にすることなのだ。こうしてエジプト人たちは、物や人の名前を知ることは、そのものやその人の本当の性質を知ることだとはっきり言っていた。

そういうわけでエジプトにはたくさん名前があった。

REN［レン］　　　　　ÂA［アーァ］
大きな名前

 REN［レン］　　　 NEDJES［ネジェス］

小さな名前

 REN［レン］　　　NEFER［ネフェル］

美しい名前

蘇生したあとにも残る名前。

REN［レン］　　　 MAÂ［マアー］

本当の名前

　真実の女神、マアート女神の規律に合致して、正しいと認められた名前。本当の名前というと、私たちは「偽名」に対する「本名」のように思ってしまうが、古代エジプトでは偽名など考えられなかった。

REN［レン］　　　 SHETA［シェタ］

秘密の名前

　子どもに、母親または神官から与えられた名前で、その子がその名前にふさわしいと判断されたら、成人になって初めて明らかにされた。

　名前に関する罰でいうと、裁判のときに犯罪人の名前を取りあげ、代わりに永遠に持つことになる別の名前にする罰ほど重いものはなかった。

そのいい例が、ラムセス３世を暗殺しようとした謀反人の一人だ。判事たちはその男に「光が嫌う男」という不気味な名前をつけている。

「名前を言う」は次のように言う。

      DEM［デム］　　　　　REN［レン］

ナイフで象徴される単語デムの意味は「切る、研ぐ、磨く」。名前を正確に、効果的に発音するには、「名前を研ぎ」「切らなければ」ならないようだ。

レンにとても近い単語の意味は「育てる、母乳で育てる」。

      RENEN［レネン］

名前を与えるというのは、その子に食べ物を与え、育て、成長を助けるということなのだ。そういえば、収穫の女神として引っぱりだこだったメスのコブラの名前はレネネト、「養い育てるもの」という意味だ。エジプト人の考えでは、「命名する」と「食べ物を与える」は切り離せないようだ。

エジプト最後の名前
スザンヌとイジドール

古代エジプトの単語のいくつかは世紀を越え、それとなくわかる形でヨーロッパの言語になっている。次の二つの名前もそうだ。

SECHEN［セシェン］

睡蓮の人＝スザンヌ

S［ス］＋ CH［シュ］＋ N［ヌ］＝ SECHEN［セシェン］

　この単語のあとに、女性たちが装飾として身につけていた睡蓮の花がある。〔スザンヌ、英語名スーザン、スージーの語源は、通常はヘブライ語のシューシャン「ゆり、花」とされるが、エジプト・コプト語源説もある〕

　昔の女性によくあった名前イジドールも、派生はそれほど定かではないものの、エジプトからきているのは間違いない。というのも、イジドールをイシス／ドールに分けると、ヒエログリフで「イシスが与えたもの」になるからだ。だからイジドールは、イシス女神の秘伝を伝授された最後のエジプト人の子孫ということになる（少なくとも名前だけだが）。〔イジドール（ラテン語イシドロス）のドール／ドロスは、テオ・ドロス「神の与えたもの」と同じようにギリシア語でも説明できる〕

　ついでに言うと、イギリス人の男性の名前ハンフリーと、イタリア人の男性の名前オノフリオは、エジプト語のウン ネフェル、オシリス神の形容詞としてよく使われた「よい人、完全な人」という意味の単語からきている。

　もし知り合いにハンフリーとか、オノフリオという名前の男性がいたら、彼を……オシリス神として扱うように。

教育はよい星

「教える」は次のように言う。

SEBA［セバア］　教える

S［ス］ ＋ B［ブ］ ＋ A［ア］ ＝ SEBA［セバア］

　この単語の限定符は棒を操る男の記号だが、これは努力が必要なことを強調している。

　同じ単語でも、限定符に星を書くと、違う意味になる。

SEBA［セバア］　星

　ところが、「教える」という単語はまた次のようにも書けるのだ。

　棒を操る男と星を一緒に書いてしまう。たしかに、教育は努力だが、また同時に、勉強した者に光、星を与え、自分の進むべき方向がわかるようにする。

セバアはまた「扉」でもある。言われてみればなるほど、教育は知識の扉を開けるものだ。

よい生徒の二つの美点は、黙って、聞くこと

エジプトではおしゃべりは悪いこととされ、よく乾いた木にたとえられる。学ぶにはまず、静かにしていなければならないのだ。

GER［ゲル］　沈黙、静かにする

G［グ］＋ R［ル］＝ GER［ゲル］、男が手を口にあてている記号は、彼が黙っていることを示している。

しかし、黙っているだけでは不十分、聞く能力も高めなければならない。

SEDJEM［セジェム］　耳

この耳は、人間ではなく牛の耳で、三音文字（S［ス］＋ DJ［ジュ］＋ M［ム］＝ SEDJEM［セジェム］）。牛の耳を持つ天の女王、ハトホル女神の聖なる牛の大耳だ。

皆さんのなかで覚えている人は、ここで複数の耳が「生きているものたち」という意味なのを思いおこそう。

情報は心の問題

𓏏𓅱𓊴𓏤	SOUDJA［スゥジャ］	𓄤	IB［イブ］
幸せにする		心	＝情報

𓏏　＝ S［ス］

𓅱　＝ OU［ウ］

𓊴は、木片に棒を打ち込んでいる記号。これは火おこしの道具で、二音文字、DJ［ジュ］＋ A［ア］＝ DJA［ジェア］。

𓏤は、すでにおなじみの封印されたパピルスの巻物で、この単語が抽象的な概念なのを表わしている。

𓄤は、心臓を象徴する壺で、IB［イブ］と読む。

したがって、全体で「スゥジャイブ」と読み、「心を幸せにする」すなわち人を教育する、情報を与える、ということをさす。

エジプト人の視点では、だから、正しい情報はすべて幸せをもたらすものになる。そのためにはまた重要な器官、心臓が必要なのだが、このイブは体の器官としての心臓だけでなく、むしろ意識、思想や知識の集まったところととらえたほうがよい。心のない知識、広い心のない知識ではいけないと、エジプト人ははっきり言っている。

性格は、加工される

すぐれた人格者としての性格を作るには、MENEKH［メネク］

と読む細工用のノミ ⚒ ❘ にまさるものはない。

　抽象的な概念を表わす記号 ⚍ をあとにつける単語、⚒ ⚍ ［メネク］の意味は「強い、有能な、出来のいい、信頼に値する、優れた、うまく仕上げた」。

　ノミを使えば、木片を切って、以下を手にすることも可能になる。

❘ 　　QED［ケド］　性格、精神状態

　つまり、人が地面にしっかり立てることのできる杭だ。

　エジプトの賢人によると、性格は素材のように加工されるもので、立派な人格者になるには、その性格の持ち主である本人に、杭のようなしっかりした支えが必要となる。

物事をはっきり見るには、穴あけ機！

　聞くことは、知識を得るための必須条件だが、では、見るはどう書くのだろう？　次のようだ。

🪝👁　　MA［マア］

　🪝鎌は二音文字で、M［ム］＋ A［ア］＝ MA［マア］。

　👁目は、この単語が見ることと関係があるのを示している。

　では、なぜ鎌なのだろう？

「見る」は分ける行為（二つの目）だが、それによって必要不可欠

な栄養（知識）が得られる、ということだ。

　物事をはっきり見る、つまり鋭い視線を持つためには、次のようなヒエログリフを使う。

OUBA［ウバア］

　この記号はドリルと、ドリルによって開けられた穴を表わしている。つまり、道具が動いているところだ。

　OUBA IB［ウバア イブ］、「心に穴を開ける」の意味は「誰かの信頼を得る」。

　OUBA HER［ウバア ヘル］、「刺すような視線」の意味は「物事をよく見る人」「明晰な人」。

カルナック‖ヒエログリフの列の中央で、トトが両腕を伸ばし、神殿の大きさを示している。

第19章
読んで、書く

読むことは、
革袋をいっぱいにすること

　　CHED［シェド］　読む

　ヒエログリフのは、水がいっぱい入った革袋で、二音文字、CH［シュ］＋ D［ド］＝ CHED［シェド］。この単語のあとに手を口にあてた男がいる。

　読むためには黙っていなければならず、さらに読書は、革袋に入れる良質の水をはじめとした食料、といったところだろう。渇きをいやすのに、良書にまさるものはない？

　こうして、よい読者は水でいっぱいの革袋をいつも持っていることになる（フランス語でも、あまり詩的ではないが、今まで得た知識を「手荷物」と言ったりする）。

　読む力のある者なら、渇きで死ぬことはないだろう。その結果、心の渇きに効く薬はただ一つ、読書となる。

　さらに、語幹のシェドにはまた「母乳で育てる」（体によい液体の概念）、「教育する」「掘る」という意味がある。読書によって、人は深まり、文章や学んだテーマを深める、つまり「掘る」。

「書く」は、絵を描くこと

　ヒエログリフをきちんと学ぶには、描かなければならない。古代の書記たちなら、現代のパソコンや AI には見向きもしないだろう。機械に頼ると、本当の手仕事ではなくなるからだ。書くことは、素材（木、石、紙、etc.）の上に線を引いて、ある形を描き、それによって私たちの手を熟練させ、器用になることだ。「書く」というのに使われるヒエログリフは、意味がとてもはっきりしている。

　　　SECH［セシュ］　書く、描く

　このヒエログリフは二音文字（S［ス］＋ CH［シュ］＝ SECH［セシュ］）で、書記がどこへ行くにも持っていく筆記道具一式を表わしている。

　内訳は、

──葦筆をしまう容器。葦筆とは先のとがった葦で、私たちの羽根ペンのようなもの。

──固形インクを溶かすための、水の受け皿。

──木のパレット。黒と赤の固形インク用の穴が二つ。

　短い綱は、書記が道具を持って移動するときに、容器や受け皿などを一緒に結ぶためのもの。パレットは台にもなり、書記は水を入れた受け皿に小さな筆を浸して固形インクを溶かす。そのインクを葦筆につけ、そして書く。

通信について少し

エジプト人たちは、生きている者同士だけでなく、生きている者と死者のあいだでも、好んで文通していた。

たとえば、妻に先立たれた夫が亡妻に、自分は清く正しく行動しているのでこれ以上いじめないでくれ、と書いたように。

手紙の冒頭には、私たちも知っているように儀礼上の決まり文句が使われる。

SOUDJA［スウジャ］
喜ばせる

IB［イブ］
心　＝「知らせる」

差出人は、手紙を「あなたの心を喜ばせられたら（知らせることで）……」と書きはじめる。そして結語は、

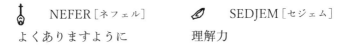

NEFER［ネフェル］
よくありますように

SEDJEM［セジェム］
理解力

別の言い方をすれば、手紙を読んだ人が、内容をきちんと理解できますように。私たちの言語に訳すと、「理解する人に幸いあれ！」ぐらいだろうか。

第 **20** 章
数えて、測る

数えてみよう

これはごくシンプルな単語だ。

IP［イプ］

数える、固定させる、分配する、検査する、調査する、測る

この言葉は、

I［イ］＋ P［プ］＝ IP［イプ］と、プラス、抽象概念の記号━━で
構成されている。カルナック大神殿を訪れると、壁面などにある
ヒエログリフのなかにこの単語がよく出てくるので、次のように
解読できるだろう。

IPET［イペト］　　　　　SOUT［スウト］
調査するところ　　　　　場所

すなわち、カルナック大神殿（エジプト語では女性形）は、他の
エジプトの神殿すべての財産目録を作り、それぞれにふさわしい
地位を指定するところなのだ。

IPET［イペト］は、三つの文字で構成されている。［イ］＋ □［プ］

＋ ⌒［ト］＝ IPET［イペト］

玉座の記号 ⌡ は、二音文字で、S［ス］＋ T［ト］＝ SET［セト］。

三本の線、||| は複数の印で、「セト」の複数は「スウト」と読む。

⊗ は、円のなかで二本の幹線道路が直角に交差している。これは一つの集落を象徴し、都市や集合体、さらには国を意味するような単語すべての限定符として使われる。

では、ヒエログリフでの数え方を学ぼう。

|	＝	1
||	＝	2
|||	＝	3
||||	＝	4、etc.
∩	＝	10
∩∩	＝	20
∩∩∩	＝	30、etc.
၉	＝	100
၉၉	＝	200、etc.
⚘（睡蓮の花）	＝	1000
⌇（親指）	＝	10000
⚲（オタマジャクシ）	＝	100000
⚱（座っている男が、頭に羽をつけ、両手をあげて喜んでいる）		
	＝	1000000、つまり無限

数字を表わすには、上の記号を組み合わせるだけでよい。たとえば、

$$\text{P} \cap \cap \; ||||\; = \; 124$$

　ここで、エジプト学者たちが必ず頭を痛めることになる素晴らしい記号について触れておこう。私たちのアルファベット文字や、掛け算の記号に似ているヒエログリフ X だ。

　この記号は、さまざまな読み方ができる。たとえば、OUPI［ウピ］「分割する」、HESEB［ヘセブ］「数える」、DJAI［ジャイ］「横切る」、SOUA［スゥア］「通りすぎる」、HEDJI［ヘジィ］「損なう」。

　どう読むかは、おうおうにして前後の文脈で判断するしかないのだが。

測定について少し

　エジプト人たちは数え方を知っていただけでなく、測定の人でもあった。神殿建造者として、ひと目で正確に目測できるよう、彼らは目のなかにコンパスを持っていなければならなかった。実際にはそういう道具など存在せず、測量には二点間を細ひもで測れば十分だったのだが。

　書記たちはあらゆるものを測定した。田畑の表面積、小麦の袋の中味、食料品の分け前、……などなどだ。

　エジプトの測定法は、現在私たちが使っている方法とは違っているので、詳しく説明するには非常なテクニックが必要になる。そこで、ここではいくつかの基本概念だけを紹介することにしよう。

𓉼 𓊽　　ÂA［アーア］　大きい

𓉼 は柱で、二音文字、Â［アー］＋ A［ア］＝ ÂA［アーア］。この記号のあとに、抽象的な概念を意味するヒエログリフ 𓊽 がある。

𓈖 𓆓 𓇋 𓅱　　NEDJES［ネジェス］　小さい

この単語を構成しているのは、〰 N［ヌ］＋ 𓆓 DJ［ジュ］＋ 𓇋 S［ス］＝ NEDJES［ネジェス］で、そのあとに小さな鳥 𓅱 があり、この単語が悪や不幸、小ささの分野に入ると限定している。

�　　AOU［アウ］　長い

この記号が表わしているのは、脊椎骨と骨髄で、二音文字、A［ア］＋ OU［ウ］＝ AOU［アウ］。

𓇋 𓏃　　SEKH［セク］　広い

𓇋 S［ス］＋ 𓏃 KH［ク］＝ SEKH［セク］で構成され、広口の壺が限定符になっている。

象徴的に、すべての測定の基となっているのは、かの有名なウジャトの目、「完全な目」だ。

　　OUDJAT［ウジャト］　完全な目

　これは目のそれぞれの部分が、分数に相当する。たとえば、眉 ⌒ は1/8、瞳孔 〇 は1/4、目の前部 く は1/2、という具合だ。「よい目を持つ」は、物事の正しい寸法を知ることで、「悪い目を持つ」は、測定を誤る、ということか。

サッカラ、メレルカのマスタバ墳‖植物の供物を持っている人物から連想されるのは、幸せな季節と、楽しい日々。

練習問題
3

質問：なぜ、🢒 はもっとも大切なことなのか？

答え：なぜなら、メルの意味は「愛する」だから。

質問：エジプトでは、🖎 [シェリ] であるのはよいことか？

答え：よいことではない。なぜなら、この単語の意味は「弱い、小さい」だから。

質問：🖎 は 🖎 よりもよい？

答え：すべてそのときの状況による！　同じ単語の「レク」は、の限定符で「知的に知る」、の限定符で「愛情で知る」となる。

質問：パピルスの茎 🖎 が表わす抽象的な概念は？

答え：幸せ、体力、健康。

質問：🖎 の表現はなぜ幸せの同義語なのか？

答え：アウトイブの意味は「心の広さ」だから。

質問：🖎 は尊敬しなければいけないか？

答え：もちろん。なぜならこの記号はイト「父」だから。

質問：「開ける」はどう書くか？

答え：ᗄ [ウプ]。

質問：生き残るために吸わなければならないヒエログリフは？

答え：ᵀ [チャウ]「空気」。

質問：アヒル 🦆 が示す血族関係は？

答え：この記号は「息子、娘」と読む。

質問：⬤🦅〜 はよいことか、悪いことか？

答え：非常に悪い。ケムの意味は「知らない」だから。

質問：あなたは 〰 を持っていますか？

答え：当たり前。レンの意味は「名前」だから。

質問：教授が 𓏏🦅𓀀 の行為をまっとうするのは必要か？

答え：必要不可欠。セバアは「教える」ことだから。

質問：なぜ、⚱ でいるのはエジプト人の目から見て理想的なのか？

答え：この単語、ゲルの意味は「静かにしている」だから。

質問：⌒👁 は何を意味するか？

答え：マアの意味は「見る」。

質問：🐍 🐁 を学ぶのは必要か？

答え：もちろん。なぜならシェドの意味は「読む」だから。

質問：建築家が 𓏭 𓎶 をしているときは、どんな行動をするか？

答え：イプの意味は「数える、測る」。

質問：𓏤𓏤 𓎆𓎆𓎆 ||||の読み方は？

答え：234。

質問：コンコルド広場のオベリスクは 🐦🐍［アーア］、それとも
🦅🐍 🦅［ネジェス］？

答え：アーア「大きい」。ネジェス「小さい」ではない。

サッカラ、メレルカのマスタバ墳‖供物を運ぶ人の行列から、古代エジプトの豊かさが伝わってくる。上のヒエログリフが表わしているのは「持ち込まれたよき物すべて」。

第21章
ヒエログリフの言葉

言葉は棒、声はオール

エジプト人は沈黙に大きな地位を与え、無駄な言葉は一切つつしむよう要求した。饒舌やおしゃべりは、二大欠点とみなされていたのだ。言葉と声は道具で表わされ、それぞれに二つのおもなヒエログリフが使われている。最初のヒエログリフを、私たちはすでに知っている。

〖　　　MEDOU［メドゥ］　言葉

棒「メドゥ」は、ヒエログリフでも聖なる文書でもメドゥネフェル「神の言葉（または棒）」という表現で使われる。この棒は、来世へ行く道で欠かせないものだ。文字どおり棒としては、旅人が危険を追いはらうのに使われ、言葉としては、旅の途中にあるすべての扉を開けるときの呪文をとなえるのに必要になる。
「声」を言い表わすのに使われるヒエログリフはオールだ。

〖　　　KHEROU［ケルウ］　声

この単語は非常に重要な表現、マア ケルウ「声の正しい人」のなかで使われる。来世の審判で正しいと認められる、つまり蘇生

する資格があるという意味だ。

　もうおわかりのように、言葉の棒は地上を移動するために、声のオールは水上を旅するために使われるものだ。

　私たちの声、私たちの表現の仕方が、人生という大河を渡る私たちの船を正しく導くわけだ。

言語は玉座であり、炎？

　古代エジプトの叡智から広くアイデアをくみ取ったとされる古代ギリシアの寓話作家イソップは、ある本に「言語は物事の善悪の両面だ」と書いていた。

　ヒエログリフを見てみよう。

　　NES［ネス］　言語

横から見た口の内部の断面だ。

　この語幹ネスはネセト「玉座」という単語を書くのに使われる。別の言い方をすれば、言語は表現や命令をする玉座でもある。

　また、「口のなかにあるもの」という表現、IMY-R［イミール］つまり舌は、「首長、命令を与える者」と訳される。

　しかしネスは「炎」でもある。言語は燃えるように熱くなって、破壊者にもなる。時に暴言の炎となって、使い方を誤った者を抹殺するのだ。

言うべき言葉……

　では、エジプトの文書では各章をどう書きはじめるのだろう？
あるいは、神殿の壁に儀式のシーンを彫るときの導入部は？

　次のヒエログリフの組み合わせだ。この記号にはよくお目にか
かる。

DJED［ジェド］　　　　　　MEDOU［メドゥ］
言うべき　　　　　　　　　言葉

　ここでは、書記は私たちに甘くない。エジプト学の初心者が
ひっかかりやすい新たな罠がある！

　はじつは、　　の略字で、読み方はとても簡単。
　［ジュ］＋　　［ド］＝［ジェド］「言う」だ。
　棒は、もう私たちにはおなじみで「メドゥ」と読み、「言葉」
という意味だ。

　それを組み合わせたのが下の単語。

　これは、「言葉を口にする」「口にすべき言葉」「言うべき言葉」
と訳される。

　エジプトの神殿を訪れる人は、壁面に目を走らせると、すぐに
この形の例をたくさん見つけるだろう。ファラオが神々に、ある
いは神々がファラオに話しかけるとき、言葉の始まりにこの表現

を使っている。

さらに、動詞のジェド「言う、口にする」は、もう一つの動詞ジェド「長続きする、安定している」との言葉遊びになっている。

こうして、神々やファラオによって口にされた言葉はいつまでも残り、王国の安定性をゆるぎないものにする。

言葉は
魔法の結び目であるように

次のヒエログリフの記号は、TCHES［チェス］と読む。

これはいったい何を表わしているのだろう？　それは椎骨であり、結び目であり、エジプト建築で石と石をつなぎ合わせる工具である。

そう、いずれも素晴らしいつなぎの記号、人間の体内では椎骨、建物ではつなぎ工具、着衣と魔術では結び目だ。

これらすべての結び目は、エジプト人の目から見ると、不思議な性質を持ちあわせていた。偉大な魔術師、イシス女神は、結び目の知識に精通していて、結ぶことも、ほどくこともできた。ところで、単語の ▶◀［チェス］にはまた「魔法の言葉」「魔法の表現」「結びつける言葉」「判定」という意味がある。「チェス」と発音するものは、言葉のエネルギーによってそれぞれのもののなかにある要素を結び、散らばったものを集め、結びつける働きをする。魔法の道具としての言葉は、つないで、束ね、結びあわせるもの

なのだ。

テーベ (現ルクソール) 西岸、ラーモセの墓 ‖
この新王国時代の素晴らしいヒエログリフの
列の下にあるのは、指を伸ばした手と、両足
のヒエログリフ。

第22章
ヒエログリフで考えよう

知るか、倒れるか

「知る」は次のように書く。

REKH［レク］　知る

この単語は ⟨⟩ R［ル］＋ ⬤ KH［ク］＝ REKH［レク］で構成され、抽象的なものの記号で意味が限定されている。

「知る」ということは、だから、動詞を活動させ（⟨⟩ 口で言い表わす）、二次的な要素をふるいわけ（⬤ ふるい）、そのうえでの結果ということになるだろう。

　ここで二つの子音を逆にすると、「ケル」となり、次の単語になる。

KHER［ケル］　倒れる

　倒れている男の絵と一緒だ。

　無知な人、知ろうとしない人は、失敗して身を持ち崩すのがおちなのだ。

いろいろある考え方

ヒエログリフでは「考える」と言うのにいろいろな言い方がある。というのも、この知的な活動は、エジプト人にとっては基本のように思われたからだ。

ここでは例を三つあげておこう。

◉𓅓◠𝄐　　KHEMET［ケメト］　考える

この単語は◉KH［ク］＋𓅓M［ム］＋◠T［ト］＝KHEMET［ケメト］で構成され、抽象的なものの記号𝄐で意味が限定されている。

注目したいのは、この言葉は数字の「3」［ケメト］と同義語ということだ。1は、神の統一性、2は、最初の神の夫婦（光の神［シェウ］と、その光を集める女神［テフネウト］）の象徴、つまりこの1と2は人間の思考外のもので、私たち人間は3から始めるのだ。

◠𓅓𝄐　　KA［カア］　考える

この単語は◠K［ク］＋𓅓A［ア］＝KA［カア］で構成され、抽象的なものの記号で意味が限定されている。そしてこれは、「創造のエネルギー」［カア］の同義語だ。考えるという行為は、実際、この不滅のエネルギーを使って物事に知性を差しこむことなのだ。

▭𝄐　　SIA［シア］　直感が鋭い、直感的に考える

抽象の記号があとについたこのヒエログリフは、ふさのついた布が折りたたまれているのを表わしている。この記号は、人間の思考のもっとも神秘的な面、直感力を象徴するものとして選ばれている。つまり、この布のなかに隠れているように見える、聖なるものや神と直接コンタクトするというわけだ。

　このシア「直感」を最大限に持っているのはファラオで、彼は政令を口述するときに、それを言葉で表明する。

タニス ‖ ヒエログリフでファラオを示す二つの印。「葦の人」と「ミツバチの人」。

第 23 章

ヒエログリフで「創造」しよう

目は創造者

👁 IR［イル］ 創造する、作る

　間違いなく、目は創造者で、「作る」や「創造する」という概念を表現するのに使われた。「聞く、聞き耳を立てる」（牛の耳、🐃［セジェム］で）のが、知識に到達するのにふさわしい態度だとしたら、そのあとは行動に出なければならない。そこで目が登場する。目を開けることは、冷静で、しっかりと見きわめた視線をもって、行動の分野に突入することだ。いっぽう、まぶたは「目の両手」と呼ばれている。

　ここで表わされているのは人間の目ではなく、ホルス神のハヤブサの目で、人間の目よりはるかに鋭く、はるかに正確にものを見る。

　ところで「ホルスの目」は、供物つまり牛乳やパン、ワイン……などのすべてをさす名詞だ。神々への供物は「ホルスの目」、言い換えると、神を見るには、供物をしなければならないということだ。

　死者においても、エジプト人は目を開けたままにする。ミイラの目は閉じてはいけないのだ。なぜなら、来世でも自分の道を見分けなければならないからだ。

創造主は目を二つ持っていて、右が太陽、左が月だ。もし神の目が顔から離れ、遠くへ行ってしまったら、人類は不幸に襲われる。そんなときヒエログリフの神、トト神が登場する。彼の使命は、その目を探しに行き、元の場所に戻すことだ。そして再び、調和と幸福が訪れるというわけだ。

　セジェム「聞き耳を立てる」は、星の女神ハトホルの牛の耳を持つことだ。

　イル「創造する」は、空の神ホルスのハヤブサの目を持つこと。

　このハトホル女神とホルス神は、デンデラやエドフの神殿の神官や女官たちが集まった素晴らしい祭典で、結婚式をあげている。

創造者は壺を持って
いなければならない

　壺を例にあげよう、普通の小さな壺だ。

　　　ᨓ　　　KHENEM［ケネム］

　このなんでもない物体は、クム神［フヌム］の名前を書くのに使われる。雄羊の頭をした人物で、その大きな役割の一つが、陶工としてろくろの上で人間を作ることだ。

　つまり、神の陶工によって作られた小さな壺がケネムで、意味は「接合する、結合する、守る、作る、加工する、創造する」。ろくろに向かって仕事をする陶工のイメージは、最初の素材である土地を、日常生活に欠かせない物に変えるのに心を砕く、泰然とした創造者の姿そのものだ。

カイロのエジプト博物館‖扉の上の横木にある
二つの目は、来世へ行く者を見つめている。

第**24**章

美しい真実について

きれい、よい……

気管と動脈と心臓（または肺）を表わすヒエログリフ📿は、NEFER［ネフェル］と読み、意味は「美しい、よい、完全、申し分のない」。この記号なら私たちはすでにお目にかかっている。「悪い」に対する「よい」という意味と、死の試練を乗りこえて蘇生したオシリス神の形容詞、完璧で申し分のない「よい人」として。

では、エジプト人たちはどんなものを美しくてよいと見ていたのだろう？　それは、以下のヒエログリフのリストを見ればおのずとわかってくる。

NEFER［ネフェル］　太陽の輝き

NEFERET［ネフェレト］　牛

NEFER［ネフェル］　神の衣服
（🔹は布を象徴）

NEFER［ネフェル］　穀粒
（🔹はマスで、そこから穀粒が出ている）

🗝️〇　　　　NEFER [ネフェル]　ワイン、ビール

🗝️〰️　　　　NEFER [ネフェル]　大墓地

　　　　　　　　　　　　　　（永遠の住みかがあるところ）

🗝️⬜　　　　NEFER [ネフェル]　王（または神）の墓

🗝️🐒　　　　NEFER [ネフェル]　美少年

　　　　　　　　　　　　　　（＝軍隊の未来の新兵）

🗝️〰️🔪　　　NEFERET [ネフェレト]　白い王冠（ファラオの）

美しさは目にあり

〰️― 👁️　　　ÂN [アーン]　美しい

　この単語は ―Â [アー] ＋ 〰️ N [ン] ＝ ÂN [アーン] で構成され、そのあとに化粧をした目の記号がある。

　エジプト人たちは美しさや魅力の概念を言い表わすのに、きれいに化粧をして、くっきりと描かれた目にまさるものはないと思っていた。化粧はまた、文字を書く技術とも関係がなくはない。というのも、書物とヒエログリフを司る女神セシャトはまた、化粧係の女性たちの守護神でもあるからだ。

　これで、「魅力的な人」を表わす単語、ÂNY [アーニ] がインク

壺なのもわかるというわけだ。

ÂNET [アーネト]「爪」は、美しく手入れされていなければならない。ヒエログリフではこれがそのまま「爪の手入れをする」という表現になる。アーンはまた、細工用の道具、手斧の名前の一つでもある。ミイラを作るときはそれで目や口を開け、この世のものとは思えない美を作りあげる。

真実は
ダチョウの羽根

エジプトの教育はどんな方向を目ざしているのだろう？
ファラオ文明の基本は何なのだろう？
賢人たちによって探し求められているものは？
答えは一本のダチョウの羽根だ。

$\int$　　MAÂT [マアート]

このヒエログリフは四音文字で、次のようにも書ける。

MA [マア] + Â [アー] + T [ト] = MAÂT [マアート]

マアートの羽根は、オシリス神の前での審判のとき、天秤のいっぽうの皿におかれ、もういっぽうの皿に、神の裁きを受ける男、あるいは女の心臓がおかれる。その人物が正しいと認められ、不死の身になれるには、その心臓は「マアート」の羽根と同じく

らい軽くなければならない。

マアートは宇宙を律する永遠の規則で、人類が地上に現われる前から存在し、消滅したあとも存続するとされている。

マアートは正義であり、真理、世界の秩序、船を進める舵、そして、あらゆるものを測る腕尺でもある。動詞の「マアー」の意味は「導く、指導する、直線を引くための細ひもを張る」だが、「供物をする」という意味もある。なぜなら供物は、不幸や無秩序に対抗するのにもっとも効果的な方法だからだ。

マアートはまた、⚊、像の台座を使っても書ける。言い換えると、台座はバランスが素晴らしい！

マアートの反対の単語に、こんなのがある。

　ISEFET［イセフェト］
　　　　　　　　無秩序、カオス、不幸、不正

この単語は、最後の「悪の鳥」で意味が限定されている。

マアートはエジプトの思想と文明の中心をなすものだ。ファラオのおもな役割は、イセフェトの代わりにマアートを、つまり、無秩序の代わりに秩序を、嘘の代わりに真実をおくことなのだ。

もっとも大きな任務はこれをおいてほかにない。なぜなら、人民の幸せも、個人の幸せも、正義と真理のマアートをどう守りぬくかにかかっているからだ。

来世の審判では、出頭した者に基本の質問を一つするだけだ。「あなたは現世に生きているあいだ、マアートを尊重して守りましたか？」

カルナック‖書物の館の女王で、文字を司る女神セシャトが、神殿の創設に参加して杭を打ちこんでいる。

第**25**章
神々とともに

ヒエログリフで見る神性

エジプトには神々が住んでいた。

神聖な領域に入るのは、神との出会いである。

DJESER［ジェセル］
神聖な、華麗な、壮麗な

武装してシャクを持っている腕は、この場合のみ三音文字で、
DJ［ジュ］＋ S［ス］＋ R［ル］＝ DJESER［ジェセル］。

これこそ、おかかえの建築家イムホテプとともに、サッカラに階段ピラミッドを建造したことで知られる有名なファラオの名前だ。

この単語にはまた、「隔離する、孤立させる」という意味もある。神聖な世界は俗世と離れていなければならないというわけだ。

では、ヒエログリフの文字法での神は？

NETER［ネテル］

竿の先で布がひらめいている。

この単語はネテル「ソーダ石」と同義語だ。つまり、ミイラの

保存に用いる塩分で、だから、ミイラを「神格化する」ものだ。女性形のネテレトは「神の目」。この記号は神殿の正面に据えられた。こうして遠くからでも、神の旗が風になびくのが見え、そこが神聖な場所だとわかるようになっていた。

　ヒエログリフではよく、𓀭 の形をした男の神にお目にかかる。かつらと付け髭をつけ、穏やかに座っている人物だ。女の神は、やはり落ち着きはらって座る女 𓁐 で表わされる。

　エネルギーの大海、ヌンのなかで目覚めた最初の神、アトゥムの名前は橇（そり）𓋬 で描かれる。聖なる建造物を作るための石を運ぶのに使われたものだ。

　この名前アトゥムには同時に、「いる」と「いない」という意味もあり、これはすべての生命体に使われる。

　神々の前でのよい態度は、

　　　　𓀢　　DOUA［ドゥア］　崇拝する、崇める

この言葉は ✶、星でも描かれる。

代表的な神々のヒエログリフによる名前

𓇳　　R＋Â　RÂ［ラアー］　　ラー神

𓇋𓏶𓈖　I＋M＋N　IMEN［イメン］　　アモン（アメン）神

𓅃　　H＋R　HER［ヘル］　　ホルス神

P ＋ T ＋ H　PTAH［プタハ］　　　プタハ神

I ＋ N ＋ P　INEP［イネプ］　　　アヌビス神

オシリスとイシスの名前は、読みと解釈が難しい。

OUSIR［ウシル］と読み、そこからオシリスになる（目の台座だろうか？）。

ASET［アセト］と読み、そこからイシスになる。「玉座、台座」。

神々が、われわれから
悪を追いはらってくれますように

　スズメか、それに似た鳥だ。この生き物は騒々しくて、うるさくて、破壊的。しかも、それを延々と繰り返す。悪いとか、小さい、弱いものの分野に入る単語の最後におかれ、人は「悪の鳥」とも呼ぶ。

　私たちはすでにこの単語にお目にかかった。秩序や規律、正義のアマートの反対語、イセフェトが、悪い意味だと示す限定符として。ここで、悪を言うのによく使われる他の二つの言葉を紹介しよう。

BIN［ビン］　悪

DJOU［ジュウ］　悪

ᘓ 山、砂漠は二音文字で、DJ［ジュ］＋ OU［ゥ］。これは危険な地域で、嵐と暴力の神セト神の被創造物がうろつくところだ。

IOU［イゥ］　悪い行い、悪

横たわって、動かない子牛と一緒に書かれたこの言葉は、二音文字で I［イ］＋ OU［ゥ］。これは、動詞のイウ「船がない……」と同義語だ。ということはつまり、船のない者は他の岸へ行くことも、来世の河を旅することもできないので、不幸や窮乏が運命づけられているというわけだ。

　悪を表わす生物のなかでは、王家の谷の墓でお目にかかる巨大なヘビをあげておかなければならない。この大ヘビは、太陽が蘇生するのをさまたげようと、太陽舟が前進できないようナイルを飲みほそうとする。しかし、魔法の呪文のおかげで、舟の乗組員はそのヘビを大地に釘付けにする。

　このヘビは、中世になるとドラゴンになるのだが、次のように呼ばれている。

ÂPEP［アーペブ］

アポフィスという名前のほうがもっと知られているが。

さらに、こんな名前も持っている。

〰〰∫〜〜𓆏𓆏　　NIK［ニイク］

さて、他のタイプの悪とは戦わなければならない。

🦅 ➤ 🐊　　AD［アド］　攻撃性

この単語は、最後のワニの記号で意味が限定されている。攻撃
力に優れているので有名な動物だ。

アドにはまた、「震える、動悸をおぼえる」という意味がある。
攻撃性があると私たちは落ち着きを失い、内面の安らぎをなくす
というわけだ。

また注目したいのは、「怒る」という言葉、FENEDJ［フェネジュ］
は、文字どおり「人を忌み嫌う」という意味だということ。

🐟　　SENEDJ［セネジュ］　恐怖

調理用に絞められたガチョウは三音文字（S［ス］＋ N［ン］＋ DJ
［ジュ］）。恐怖に取り憑かれると、どんな状態になるかわかるとい
うものだ。

しかし、個人が取り憑かれうる最大の悪は、

🦅〰〰　　ÂOUN［アーウン］　　　　🝐 IB［イブ］
強欲　　　　　　　　　　　　　　　　　　心の

つまり、貪欲で、欲が深いことだ。

　ここで賢人たちの警告に耳を傾けよう。

「貪欲は不治の病の大病なり……貪欲はあらゆる種類の悪の集合なり……、唾棄すべきものすべてを含む袋なり。貪欲な者には墓がないだろう」

　これらすべての悪を私たちから追いはらってくれるのは、神々、とりわけ慈悲深いイシス女神をおいてほかにいない。

　以下は彼女に捧げられていた祈りの一つだ。

ASET［アセト］　SEFEKH［セフェク］　OUI［ウイ］　M［ム］
イシス　　　　解き放つ　　　　　私を　　　から

BIN［ビン］
悪

カルナック、コンス神殿 ‖ ラムセス時代の特徴的なヒエログリフの例。石に深く彫られている。これは赤い王冠。

第26章
よい町にあるよい家

　一つの屋根と一つの心があれば幸せ……、と私たちはよく言う。というわけで、ここでは屋根について見てみよう。「家」を言うのにもっともよく使われるエジプトの単語は、

　　　　　　□　　　PER［ペル］

　ヒエログリフが表わしているのは壁で囲まれた地所。だから、普通の家というよりは、範囲を定めた所有地に近い。内部に通じる扉があるところを見ると、人を保護する囲い地という意味合いが強い。このような家は田舎にもあれば、次のように書かれる町にもある。

　　　　　　⊗　　　NIOUT［ニウト］　　町、都市

　正直に言って不思議なヒエログリフだ。なぜなら、エジプトの都市はこのような、円のなかに二本の幹線道路が直角に交叉している形ではないからだ。
　この記号で面白いのは、円と十字を組み合わせたところで、それによって象徴的に空間を秩序あるものにしている。

サッカラ、イドゥト王女のマスタバ墳‖書き道具を前に
仕事をする書記。よく見ると、筆が半開きの人の口のヒ
エログリフに触れているが、これは書き手の表現能力を
見事に暗示している。

第 27章

食卓につこう！

食べて、飲もう

動詞の「食べる」を書くのに三つの方法がある。

OUNEM［ウネム］

✚と、✚、☞、それぞれの記号は二音文字で（［ウ］＋［ン］）、単語は最後の🐦［ム］と、手を口にあてた記号で完全なものになっている。

この三つの書き方からわかるのは、

——花、✚が使われているのは、おそらく、食べ物のもっとも重要な部分を消化吸収するのが望ましい、というのを示すためだろう。それがカア「生命力」に栄養を与えるのだから。

——猛烈な食欲で知られる野ウサギ、☞が暗示しているのは、おそらく、滋養に富む大地の化身、オシリス神と、小麦に生を与えるために大地に死ぬ一粒の麦だろう〔「一粒の麦地に落ちて死なば、多くの実を結ぶべし」『新約聖書』「ヨハネ伝」第 12 章 24 節〕。

——✚の物体は、杭から二本の棒が横に出ていて、十字架を

思わせるが、これが何かは謎だ。いつの日か、ヒエログリフ学者がこの記号を明らかにしてくれるのを期待しよう。

　ウネムはまた、「炎」をさすのにも使われる。つまり、食べる人は、食べた素材を食べつくし、吸収するというわけだ。

　次に行こう。やはり必要不可欠な動作、「飲む」だ。

　　SOUR［スウル］

　●─［ス］と、🐦、ツバメで書かれる単語は二音文字、［ウ］＋［ル］、そして ◁─▷ の［ル］は、私たちが読みやすいように加えられたもの。限定符は、当然のごとく、口に手をあてた男だ。「食べる」はウネム、「飲む」はスウル。

　しかし、何を食べ、何を飲むのだろう？

　古代エジプトの食べ物はそれはそれは豊かで、現代のエジプトとは比べものにならないほど変化に富んでいた。肉類、魚類（ナイルに生息していたたくさんの食用魚は絶滅してしまった）、野菜類、果物類、お菓子類、特産ワイン、テーブルワイン、ビール……。

　美味しい食事のリストをあげたら、きりがないだろう。

　それにもかかわらず書記たちは、固形と液体を含む食料全体を象徴するものとして、文書ではよく次のような表現に頼っていた。

　　　𓏶　　T［ト］　　　　𓏺　　HENQET［ヘンケト］
　　　パン　　　　　　　　ビール

　𓏶は、型のなかでふくらむパンで、読み方は「ト」。
　𓏺は、ビールの入った壺で、読み方は「ヘンケト」。

手元にパンとビールがあるということは、基本の食料を持っていることだ。それも上質な穀類（とりわけスペルト小麦というもの）をベースにしたパンと、栄養があって消化を助けるビールを。

　このヒエログリフの組み合わせは、墓地の壁面にある表現のなかでよくお目にかかる。

声となって出るもの＝供物

　囲い地は「ペレト」と読み、ここでの意味は「出るもの」。
　オールは「ケルウ」と読み、意味は「声」。
「ペレトケルウ」という表現は「声となって出るもの」と訳される。

　ここからわかるのは、儀式での言葉は、パンとビールで象徴される食料を「外に出し」、形あるものにするということだ。ヒエログリフのおかげで言葉がごちそうになる！

　古代エジプト人たちがとりわけこだわったテーマは、ワインだ。

IREP［イレプ］

　ファラオの時代のエジプトは、ブドウ畑の文明をなし、デルタ地方やオアシスの特産ワインはことに有名だった。墓のなかの壁画には、ブドウの収穫の場面がよく登場する。重い房をつけたブドウ棚の下での休息は、このうえない楽しみとされていた。

　宴会や祭りがあると、人々は好んでワインを飲んだ。しかしアラブ人の侵入で、ブドウ畑は破壊されてしまった。おかげで現代の旅行者は、ペルシア時代の詩人、オマル・ハイヤームの名をつ

けたまずいと評判のワインで満足しなければならない（禁酒しなければならない、と言ったほうがいいか？）。ハイヤーム自身もワイン愛好家だったのだが、後世においてこれほど残酷な仕打ちを受けるとは思ってもいなかったはずだ。

健康を祝して乾杯！

ビールやワインの話をすると、やはりかの有名な乾杯の文句、「健康を祝して！」を知りたくなる。

ヒエログリフではこう書く。

〜〜〜 N［ン］	𓂝 KA［カア］	𓎡 K［ク］
……に	カー	あなたの

＝あなたのカー（生命力）のために

清潔な台所のために

ファラオのエジプトでは、衛生と清潔さはつねにつきまとう問題だった。

その痕跡は台所という名詞に見受けられる。

OUÂBET［ワーベト］

この単語は文字どおり、清潔で「汚れのない場所」を意味し、

純粋な食料しか入ってはいけない場所になっている。

　同じ単語ワーベトは、ミイラを作る作業場を示すのにも使われる。不滅の体を作るところだから、一点の汚れもあってはならないのだ。

　ワーベトはまた、どんな悪からも免れた「墓」でもあり、ワーブになると、儀式で正式に清められた「供物の食事」になる。

　🜚 🜛 または 🜜 ［ワーブ］「清らかな人」は、水で清めたあとに神殿に入るのを許された、すべての人の総称だ。

　浄化のもう一つの方法は、台所にある火だ。食料を煮るためのもので、よく利用されていたのは間違いない。

　火を表わすヒエログリフは数多くあるが、そのなかからこれをあげておこう。

　NESER［ネセル］

ヒエログリフの下の部分は、炉のまわりにある三つの石を表わし、そこから炎がのぼっている。

一日に三食

　IÂOU［イアーウ］　　　　　　R［ル（エル）］
洗うこと　　　　　　　　　　　　　　　　口を
　＝朝食

この単語は ◊［イ］＋ ▭［アー］＋ 🐦［ウ］＝［イアーウ］で構成さ

れ、そのあとに水と ⬭[ル] 口の記号がある。

　この表現が示しているのは、人々は朝食を禊ぎと清めで始めた
ということだ。その奥にある考えは、吸収される食料は口をきれ
いに保つものでなければいけないということだ。

∩ ⌒ ◗　　SETY［セティ］　　　　⬭　　R［ル、エル］
よい風味　　　　　　　　　　　　　　口の
　＝昼食

　この単語は ∩[ス] ＋ ⬢[ト] ＋ ＼[イ] ＝ [セティ] で構成され、
限定符の ◗ は、この単語が匂いや香りの分野に属するのを示し
ている。いまのところ、このヒエログリフが何を表わしているか
は定かではない。ある人は匂い袋だと言い、ある人は……いぼと
言う。セティの意味は「香り」「よい匂い」「よい風味」で、この言
葉のあとに ⬭[ル]「口」がある。

　それゆえ、人々が昼食でこだわるのは食料の質と風味で、しか
もそれは口臭をよくするものでなければならなかった。

　そして最後が、

　　　MECHEROUT［メシェルウト］
夜のもの＝夕食

　この単語の構成は、

🦅[ム] ＋ ▭[シュ] ＋ ⬛[ルウ] ＋ ⬢[ト] ＝ [メシェルウト] で、
そのあとに、一日のある時間を示す ⬙ がある。

　この言葉はまた、ムが「……の」、シェレトが「鼻」を表わすこ

とから、「鼻を使って評価するもの」とも解釈できる。夕食もまた、よい匂いを提供するものでなければならないのだ。

眠る者はよく食べる

　美味しい夕食のあとは、楽しい休息の夜だ。ここではよいベッドが必要になる。それは、

　　　ATCHOUT［アチュウト］　ベッド

　この単語の構成は、

　🦅［ア］＋ ━━［チュ］＋ 🦅［ウ］＋ ◠［ト］＝［アチュウト］で、そのあとに、この単語が木でできているのを示す 〰 小枝がある。

　ところで語幹の ATCHI［アチイ］は、乳母の名詞を書くのに使われるのだが、このことから、ベッド（つまり眠り）は乳母のように栄養を与え、「眠る者はよく食べる」と結論づけられる。

サッカラ、イドゥト王女のマスタバ墳‖ひもで引かれた若いカモシカが、睡蓮の花を持つ男のあとについて行く。ヒエログリフの平和と調和が私たちを惹きつけるのではないか？

第28章

健康であるかぎり！

健康は目にあり

〔ヒエログリフ〕　SENEB［セネブ］　健康

この単語は〔ヒエログリフ〕［ス］＋〔ヒエログリフ〕［ン］＋〔ヒエログリフ〕［ブ］、プラス、抽象的な概念の限定符で構成されている。

同じ概念を表わすもう一つの単語は、

〔ヒエログリフ〕　OUDJA［ウジャ］

この単語は〔ヒエログリフ〕［ウ］＋〔ヒエログリフ〕［ジュ］＋〔ヒエログリフ〕［ア］、プラス、同じく抽象的な概念の限定符で構成されている。

この語幹ウジャはまた、「行く、移動する、ゆっくり前進する」という意味で、だから、うまくいくという意味。正しいやり方で移動するのは健康の証しでは？

この単語から派生するウジャトは、完全で、健康で、無傷な「目」。護身のお守りのモデルになったもので、このお守りは古代エジプト人のみならず、現代の旅行者からも引っぱりだこだ。

このことから、ファラオのもとで幸せだった国民たちにとって、健康は目にあった！　と結論づけてよいだろう。

尽きることのない
エネルギー

そして健康は維持されるのだが、基本の食料はというと、

~~~
~~~   MOU［ムウ］  水
~~~

この語幹ムウは、液体に関するほかの単語を書くのにも使われる。たとえば「尿」や「唾」(文字どおり「口の水」) などだ。

では、この水、この非常に大切なエネルギーはどこから来るのだろう？

それは無尽蔵の貯水池から。あらゆる生命体を含む、宇宙の大洋のようなところからで、エジプト人たちはそれを次のように呼んでいた。

○○○ ~~~   NOUN［ヌウン、ヌン］
       ~~~

三つの小さな壺が並んでいるのは三音文字で (［ン］ + ［ウ］ + ［ン］ = ［ヌウン］)、単語の最後にある三本の波動は、これが液体でエネルギーの状態なのを示している。

エジプトの哲学書によると、このヌウンは尽きることがない。たとえて言うなら、果てしない空間で、そこからいくつかの小島や大地のようなものが現われ、それらはいずれヌウンに戻るという。だから、私たちの死もプログラミングされているのだ。

あらゆる形のエネルギーは、ナイルであろうと泉の水であろうと、この大洋から来る。

髪の手入れを
しなければ！

　ヒエログリフ 🪶 は、髪の房とリングを表わしていて、二音文字、CH［シュ］＋ N［ン］＝ CHEN［シェン］になる。

　この単語の意味は、もちろん「髪」だが、髪の房は同じく次の二つのようにも読まれる。

　　　　　　🪶　　　INEM［イネム］　皮膚

　　　　　　🪶　　　IOUN［イウン］　色

　この髪の房のヒエログリフでエジプト人は、普通に成長して調和のとれた人間の特徴となる「髪」と「皮膚」、「色」を密接に結びつけている。

　髪といえば、「葬列」のさいの泣き女について触れておかなければいけない。葬式のとき、悲しみの印に髪を振りほどき、それを風になびかせるままにしていた女だ。

　この最後の例は別にして、健康な肌と色つやを持つためには、髪の手入れをしたほうがよい！

質問：声を象徴するヒエログリフは？

答え：オール、𓏤［ケルウ］。

質問：あなたは ⊶ の読み方と、訳がわかりますか？

答え：「チェス」と読み、意味は「魔法の言葉」「判定」。

質問：𓆓𓈖𓏏𓏤 または ▭ 𓏤 は、したほうがよいか？

答え：二つともよい。最初の単語ケメトの意味は「考える」で、二番目シアは「直感的に考える」。

質問：「きれい、よい、よく」を書くのに使われるヒエログリフは？

答え：𓄤［ネフェル］。

質問：真実、正義、調和、公正、規律を書くのに使われるヒエログリフは？

答え：𓏠 または ▭（ともに読みは「マアー」「マアート」）。

質問：ピラミッドの前で、旅人は一つの言葉、 🐦 🌀 しか言えない。なぜか？

答え：ジェセルの意味は「聖なる、華麗な、壮麗な」だから。

質問：もし私たちが 🦵 🐟 のような人や物とすれ違ったら、近づくべきか、それとも離れるべきか？

答え：離れるべき。ビンの意味は「悪、悪い」だから。

質問： 🦅 〰️ 🐟 のような人には注意すべきか？

答え：最大限に。アドの意味は「攻撃性、攻撃的な人」だから。

質問： 🐸 のときはどんな状態か？

答え：セネジュの意味は「恐怖、怖がる」。

質問：なぜ人は ➖ 🐦 〰️ ➖🐍 を最悪なことと言うのか？

答え：それはアーウン イブ「心が強欲なこと」だから。

質問： ▭ と ⊗ 、どちらに住むのがよいか？

答え：お互い両立する。ベルの意味は「家」で、ニウトは「町」だから。

質問： ✝️🐟🐒 または 🦅🐒 はどちらが好ましいか？

答え：どちらも必要不可欠。ウネムの意味は「食べる」で、スウルは「飲む」。

質問：もし誰かに ◊ ⊡ ⋈ をすすめられたら、あなたは受けるか？
答え：もしそれが上質のものなら、もちろん、ハイ。なぜならそ
　　　れはイレプ「ワイン」だから。

質問： ⧫ を使うときは用心したほうがよいか？
答え：はい。それはネセル「火」なので。

質問：もし誰かがあなたを ∫ ⌒ ○ ⌒ に招待したら、受けてよい
　　　か？
答え：もちろん、喜んで。それはセティル「口のためのよい匂い」、
　　　つまり昼食だから。

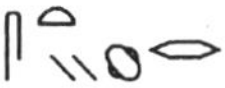

質問：もし誰かがあなたを 𓅐 �longrightarrow 𓅓 ⌒ に招待したら、受けて
　　　よいか？
答え：相手が誰かによる。なぜならそれはアチュウト「ベッド」だ
　　　から。

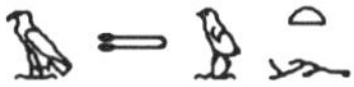

質問：なぜ多くの人が ∫ 〰 ‖ は何よりも大事と考えているのか？
答え：なぜならそれはセネブ「健康」だから。

質問： 〰 は欠かせないものか？
答え：もちろん。それはムウで、「水」だから。

質問：髪と皮膚と色を結びつけるヒエログリフとは？
答え： 𓏢 髪の房。

第29章

医者にかかる

魔法の呪文を使う人物と言えば、医者だ。

SOUNOU［スウヌウ］　医者

この単語は、━━ 矢（的に当てるという意味で、だから診断の正確さをいう）と、○壺（治療薬の入った）で構成されている。

語幹の SOUN［スウン］の意味はまた、医者が治療しなければならない「病気、痛み」。

さて処方箋には、カモシカの頭を頼りにしなければいけない。

CHESA［シェサア］
器用な、知識がある、そして処方箋

この俊足で、頭の回転のいい四脚動物は、医者のモデルとみなされていた。医者も同じく最大限敏速に、正確に行動しなければならないからだ。

「治療薬」の書き方は傑作だ。

PEKHERET［ペケレト］　治療薬、水薬、薬

　この記号は腸を表わし、語幹の PEKHER［ペケル］の意味は「循環する」。なるほど、医者に投与された薬は体中を循環しなければならないのだが、考えようによっては腸から循環するとも言える。体のなかでもっとも見栄えのする循環器だ。

　注目したいのは、フランス語の薬剤師（ファルマシアン）という単語だ。これ〔語源のギリシア語「ファルマコン」〕は古代エジプトに由来し、意味は文字どおり「魔法の治療薬を準備する人」。現在なら、私たちが頼りにできる魔法使いは、そう、薬局にいる。

サッカラ、イドゥト王女のマスタバ墳‖
書記が書くときは必ず、予備の筆を耳
の後ろにはさんで持つ。

第30章
働く一日

しっかりした足で
起きあがろう

健康な足で大地を踏みしめよう 𝄡、真っすぐに、しっかりと。

それから、両手をあげて伸びをしよう、𝄪。

そして、昇る太陽 ☉ を見よう。

すると、次の単語になる。

𝄡𝄪☉　　BEKA [ベカア]　朝

𝄡 B [ブ] ＋ 𝄪 KA [カア] ＝ BEKA [ベカア] で構成された単語は「エネルギーの場」とも訳すことができる。

◻︎𝄡　　PESEDJ [ペセジュ]　背

は、ペセジュ「光」の同義語だ。

このことは背柱が重要であることを強調している。脊椎を循環するエネルギーは、あらゆる空間を通りぬける光のようなもの、というわけだ。

しっかりした足で立ち、背中もしっかりしていると、私たちの顔色はよくなり、頭もすっきりする。

　　　🗿　　TEP［テプ］　　　　🔱　　NEFER［ネフェル］

頭　　　　　　　　　　　　　　よい、すっきり

「すっきりした頭」の意味は同時に「行いがよい」。

　ここで顔と頭を組み合わせると、次のような単語になる。

　　　　　⟁　HER［ヘル］　　　🗿　TEP［テプ］

　　　他人より優れる者　　　命令する者

どうみても権威のイメージだ。

　即時の行動という意味には、顔と腕を組み合わせる。

　⟁　HER［ヘル］　　　🖐　　　AOUY［アウイ］

顔　　　　　　　　両腕

　これが「即時に」という意味なのだが、別の言い方をすると、頭が即時に命令を両腕に伝え、その命令で両腕が動くこと。

起きあがるために、
はしごをかけよう

　よいことにはすべて終わりがある。睡眠も元気を回復し、そのあいだに栄養をたくわえるもの。だから、眠ったあとは起きて、立ちあがらなければならない。ヒエログリフの言語はこれらの概念をひっくるめて、饒舌な一つの言葉にしている。

ÂHÂ［アーハー］
起きる、立ちあがる、立っている

　ヒエログリフの┃は三音文字、Â［アー］＋ H［フ］＋ Â［アー］＝
ÂHÂ［アーハー］で、船のマストの上に縄のはしごがかかっている
のを表わしている。
　ʌ の記号は、この単語が動きを表わす分野に入るのを示し、
たしかに起きて、立ちあがるのはそうだ。
　このことから、エジプト人にとって正しいやり方で立つという
ことは、その場で静止しているのではなく、船のマストやはしご
のように動くこと。つまり、ちゃんと固定されて安定していなが
ら、同時に船の動きや風の向きに従い、それでいて安定性を失わ
ないという状態だ。
　アーハーという言葉は、物事の正しい位置や、儀式に参加する
者たちの正しい居場所を示す。つまり、安定性を目的とする秩序
だった動きを意味している。
　さらに、この単語から派生する ÂHÂOU［アーハーゥ］という言
葉で、太陽の限定符があると、「人生の時間」という意味になる。
私たちが生きているあいだは、船のマストのように真っすぐ立ち、
必要とあらば縄ばしごをよじ登って……遠方を見ようとする、そ
んな状態ということだ。

太陽をおがむ

　エジプト人たちの最初の精神活動は、日の出をおがむことだった。一度沈んだ太陽がまた昇るのは、奇跡とされていた。実際に太陽は、暗闇との恐ろしい戦いに、またもや打ち勝って出てきたのだから。

　だから、太陽への祈りの言葉はぜひとも知っておかなければならない。これは、かの有名なファラオ、アクエンアテン（アメンホテプ、イクナトン）その人によって書かれたテキストを簡略化したものだ。

KHÂ［カー］　　K［ク］　　NEFER［ネフェル］　　M［ム］
出現　　　　　あなたの　完全に　　　　　　　のなかへ

AKHET［アケト］　　ITEN［イテン］　　ÂNKH［アンク］
水平線　　　　　　アテン　　　　　生きて

＝あなたは水平線に完全に現われる、生きたアテン神よ

　最初の ⌢ の記号は、日の出の太陽光線が現われる丘で、カーの意味は「太陽のように現われる」。この単語はファラオが玉座に登場するときにも適用される。

　▭［ク］は、二人称単数「あなた」の男性形人称代名詞。

　ヒエログリフでは、動詞を代名詞の前におくので、私たちのよ

うに「あなたが現われる」という言い方はできない。だから、「あなたの出現」という言い方になって、それを私たちは「あなたが現われる」と訳すわけだ。

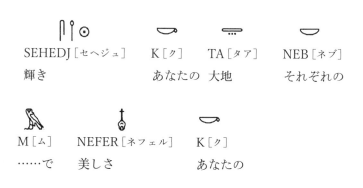

SEHEDJ [セヘジュ]	K [ク]	TA [タア]	NEB [ネブ]
輝き	あなたの	大地	それぞれの

M [ム]	NEFER [ネフェル]	K [ク]
……で	美しさ	あなたの

＝あなたはあなたの美しさでそれぞれの大地を輝かせる

　最初の単語 ⌐⌐⊙ は、S [ス] と HEDJ [ヘジュ] ＝ SEHEDJ [セヘジュ] で構成され、「輝かせる」。最後の太陽で意味が限定されている。

　⌐ は棍棒で、「白い女性、光をあてる女性」。ファラオはこの棍棒で供物を神に捧げ、暗闇から現われる敵を倒す。そして夜も追いはらって、明るくする。

知恵という名の
服を着よう

　古代エジプトに流行はあったのだろうか？
　古王国、ピラミッドの時代の服装はシンプルだ。男たちは腰布

のみ、女たちはつり紐のついた素敵なドレスを着て、胸は出したままだった。

　新王国時代になると、人々は優雅さや洗練を自慢するようになる。老いた賢人たちに言わせると、それは進歩でも何でもないのだが。

　　　　　　ÂREQ［アーレク］　服を着る

　この単語の構成は、

　Â［アー］＋ R［ル］＋ Q［ク］＝ ÂREQ［アーレク］。 は折りたたまれた布だ。ところでアーレクにはまた「身をかがめる、順応する」という意味もある。服を着るのに欠かせない動作だ。もっとも面白いのは、アーレクの同義語が「感知する、何かの知識を得る、分別がある」と訳されること。

　ということは、服を着るにも知恵をもってしなければならず、ゆめゆめ服に着られてはいけないという意味だろうか？

出かけなければ
いけないとき……

　服を着たら、そう、働きに行かなければならない。一連のヒエログリフは足取りも軽く出かけるところから、日々の重労働までを物語っている。

　　　　　　PERI［ペリ］　さあ、始めなさい！

この単語は □ PER［ペル］+ 〔 I［イ］= PERI［ペリ］で構成され、語幹の「ペル」は「登る、出る」という意味。

穏やかに行くには、優雅に、軽やかに移動するのがもっとも簡単。そう、足のついた葦のように。

$$\int \quad ii［イイ］\quad 行く、来る$$

二本の足のあとにウズラのヒナのいる単語も、やはり移動の意味で、もう一方向の動きを表わす。

$$\text{IOU［イウ］} \quad 来る$$

足で運ばれるカンヌキでは、命令ができる。

$$\text{IS［イス］} \quad さあさあ！$$

しっかりと、力強く移動するときは、水槽さえ運ぶことができる。

$$\text{CHEM［シェム］} \quad 行く、移動する$$

たぶん、流れる水のような、絶え間ない動きを暗示しているのだろうか？

もし、何かを持って移動するのを言いたいのなら、こんな簡単なことはない。長い両足で壺を運べばいいのだ。

IN［イン］

持って来る、持って行く、探しに行く

　この単語から派生する INOU［イネゥ］は、「収穫、貢物」そしてなんと……「分担金」も！
「イネゥ」という単語について言うと「持って行くもの」なのだが、その典型的なものはゴザだ。エジプトの庶民にとってはこれ以上便利なものはない。なぜならゴザは毛布になり、ベッドになり、必要とあらば屍衣にもなる。上質のゴザがあれば、持ち運び家具を持っているのも同然だった。

礼儀作法の決まり文句

「こんにちは」と言うのには、次のような決まり文句が使われていた。

INEDJ［イネジュ］　　　HER［ヘル］　　　K［ク］
守られますように　　　顔　　　　　　あなたの

　この非常に古くからある挨拶は、解読にあたって多くの問題を提起した。
　ヒエログリフの は、ある物体を表わしているのだが、それが何かはまだわかっていない。この美しい謎の解読は、未来のエジプト学者に残しておこう。

それでも、NEDJ［ネジュ］という記号の読み方はわかる。ここでは動詞の NEDJ［ネジュ］の前に I［イ］があって、INEDJ［イネジュ］という言葉になり、抽象的概念のシンボル ⏢ で意味が限定されている。

語幹のネジュの意味は「挨拶する」だが、また「守る、意見を聞く、問い合わせる、相談する、助ける（不幸な人を）」という意味もある。

人が「こんにちは」と言うときは、これらすべての意味が含まれていた。

もう一つの挨拶の仕方は、

〰〰 🧎 NYNY［ニイニイ］

ニイニイをしながら、エネルギー（〰）を伝える。

挨拶をする人の手からエネルギーが出ているところを見ると、これは催眠術師のような動作だ。

イシス女神がオシリス神を蘇生させるときの挨拶でも、彼女はオシリス神にニイニイの動作をしている。

最後は、気持ちのいい挨拶で締めくくろう。

🦅〰🧎〰 ii［イイ］ OUY［ウイ］ ようこそ！

さあ、仕事だ

計画的に仕事をすることは、古代エジプト人の大きな美徳の一

つだった。工事現場を能率よく維持することにかけては、彼らに並ぶものはいなかった。

BAK［バァク］ 仕事をする

は、鳥の BA［バァ］ ＋ K［ク］＝ BAK［バァク］で構成され、棒を持って伸ばした腕で意味が限定されて、努力が必要なことを示している。

ここで興味深いのは、「魂」と訳されることの多い、鳥の「バァ」がいることだ。仕事をすると、私たちはいくばくかの魂をもらえるということだろうか？

バァクは「働く人、奉仕者」で、複数形のバァクゥは「仕事」「収入」……しかし「税金」という意味もある。

仕事を表わすもう一つの書き方は、

KAT［カアト］

そう、頭で荷物を運ぶ男だ。ここで強調されているのは、多少なりともこれは重労働ということだが、また同時に、それにはエネルギー（KA［カア］）が必要で、かつエネルギーを生みだすことも強調している。

こうして、仕事という概念には、バァとカアという、不滅の存在を表わす二つの基本の要素が組み合わされ、エジプト人にとっては格調高い文字になっている。

第 **31** 章
所有するにも努力が必要

所有している、
または所有されている？

ITCH［イチュ］　所有している

　この単語は、動物をつなぐ綱が足の上に乗っている **↸** ITCH
［イチュ］で構成され、棒をあやつる男で意味が限定されている。

　イチュ「所有している」には努力が必要なことをうかがわせる。
この言葉にはまた「入手する」「征服する」「運びだす」という意味
もある。

　所有しているということは、そのために必要な努力以上に、ヒ
エログリフを見てわかるように、一種の縄でつながれた動物の状
態だ。人が財産にしがみつくのもそうなら、誰かがあなたを放さ
ないのもそう。

　財産を持ち、金持ちになることは、悪いとはみなされていない
が、しかしそういう人は、ある簡単なヒエログリフで表現される
一種の精神的な素質が求められる。そのヒエログリフとは籠だ。

NEB［ネブ］

　籠［ネブ］は、財産や所有物を入れておくものだが、しかしまた
「支配」という概念も表わす。ネブ「所有者」はまた「支配者」で

もある。ただし、すべて首尾よく支配できての話だが。

　この同じ言葉ネブにはまた、「すべて、それぞれのもの、人」という意味もあり、語幹のネブは「金」「金属を加工する」と言うのに使われる。自分自身と自分の所有物を制する者は、物質的な財産を、「神々の肉体」といわれる金に変えることではないだろうか？

　もう一つの「所有している」の書き方は、前置詞によって示される。

　　　KHER［ケル］　の下に、の所有の

「何かの下に」いることは、何かを支えて持つことだから、何かを所有しているのだが、しかしまた、そのものの重みを支えることでもある。KHERET［ケレト］は「所有されたもの」、つまり「支えられて、持たれた」もの。この単語はまた「土台」「下部」とも訳される。

　KHEROUT［ケルウト］については覚えている人もいるだろう。それは男の「下の部分」、睾丸だ。

　金持ちはいいのだが、あり余るほどになって、抑制が利かなくなるような量になっては困る。それはトカゲで象徴される。

　　　ÂCHA［アーシャ］　多数、無数、大量

「おしゃべりな人」、暴言を吐く人を言うのに、ÂCHA-R［アーシャール］と書く。文字どおり「口のなかにトカゲ」がいるのだ。

資産と利益

働きによって得た資産、キャピタルという単語は、ラテン語の
キャプト「頭」からきているにしても、この概念はさらにもっと
時代をさかのぼる。というのもヒエログリフにすでにあるからだ。

𓁷　　TEP［テプ］　頭

行政や税務の資料のなかでは、この単語「頭」が意味するのは、
まさに「資産」、働きからくる収入の「頭」だ。

有利な投資からくる「利益」の概念については、ヒエログリフ
でははっきりとわかるやり方で示されている。

FAT［ファアト］
もたらされたもの＝利益

第**32**章
ヒエログリフは旅人

ああ、美しい旅行を！

　エジプト人たちは、ナイルという素晴らしい高速道路（すでに通行税があった）を使って、大いに旅行した。

　だから、「旅行する」でもっともポピュラーな二つの言葉が水夫のものであっても、驚くにあたらない。

　　　　　　　　　KHED［ケド］
北へ行く（流れを下って）

　　　　　　　　　　　　　　　KHENET［ケネト］
南へ行く（流れをのぼって）

　下行の最初のヒエログリフは三つの甕(かめ)を表わしている。
「旅行する」を表わすその他多くの言葉は、船🚣 と、人間の歩く足 **∧** を使っている。

　地上の道路については、次のようなものと考えられた。

　　　　　　OUAT［ウアト］　道路、道

　この記号は道路そのものと、木々や植物が、私たちが見やすい

ように横にして描かれている。つまり、足を使って、そう……ウアトを歩いた旅人たちに気持ちのいい木陰を提供する、木々の並木のない幹線道路など考えられなかった、ということになる。

ぜひとも知っておきたい文章は、

$\underset{\text{行く}}{ii[\text{イイ}]}$	$\underset{}{i[\text{イ}]}$ 私は	$\underset{\text{へ}}{R[\text{ル}]}$	$\underset{\text{エジプト}}{\text{KEMET}[\text{ケメト}]}$

「エジプト」を書くのにここで使われているヒエログリフ ▱ は、おそらくワニのウロコ皮の一部分だ。語幹の KEM［ケム］の意味は「黒い」で、エジプトは泥土が沈殿して肥沃になった「黒い大地」として描かれている。この記号は、女性形を表わす ⌒ T［ト］と、この単語が地理に関するものを示す限定符、⊗ で完全になっている。

エジプトへ旅立つすべての人に、

PER［ペル］
旅行

NEFER［ネフェル］
よい

＝よい旅行を！

外国はバベル

エジプトは、多くの外国に対して非常に友好的だったのだが、しかしそのぶん、文化的、領土的にはっきりした形がないのを自ら痛感していた。外国文化がエジプト文明に溶けこんでいたのだ。

その逆はなかった。

外国人はすべて、「九つの弓」という表現で象徴されていた。よくファラオの像の足元に、九つの ➤ が描かれているのはそのためだ。そうやってファラオの不思議な支配力を誇示し、侵略の危険や混乱を避けようとしたのだ。

ちょっとここで、外国のある場所の名詞を。そこでは、人類にとって不幸なことに、言語が混ざりあっている。

〘 B［ブ］　　　〘 B［ブ］　　　⬭ R［ル］

BEBER［ベベル］　＝　バベル

王家の谷、ラムセス6世の墓 ‖ 変身のシンボル、羽のあるスカラベの形で、太陽が復活する場面。

第**33**章

戦争だ！

多量の武器

悪に対しては、戦わなければならない。エジプト人たちは、好戦的ではないが、スーダンやリビア、アジアからの侵略者から国を守るため、優れて組織化された武器を持っていた。

次のヒエログリフの記号がそれを物語っている。

ÂHÂ［アーハー］　戦う、闘争する

ヒエログリフが表わしているのは二本の腕で、いっぽうは盾を、もういっぽうは棍棒を持っている。言い換えると、守って、攻撃するためのものだ。

ほかに二つのヒエログリフが努力や戦いを示す単語の限定符として使われる。

伸ばした腕で棒をつかんでいる。

立った男が棒をあやつっている。

は NEKHT［ネクト］と読み、「勝利をおさめた」という意味。なぜならこれは、成功をめざして努力を払っている様子だから。

棍棒、HEDJ［ヘジュ］を使うと、敵の頭蓋骨をこっぱみじんにできる。

弓、　があると矢　を射られる。

短刀、はまた、「いちばん、上位の」という概念を示すのに使われる。

投げ棒、についていうと、「投げる、放つ」の概念を示すのだが、また、ある部族や集団の特徴を明確にするのにも使われる。そして驚くのは、この記号が創造の概念も表わすことだ。創造は投げることによって達成できるということ？

もっとも効果的な武器は
……魔法

人生の厳しさに立ち向かうのに、ぜひとも知っておかなければならないエジプトの単語といえば、これだろう。

　HEKA［ヘカア］　魔法

この単語はH［フ］＋KA［カア］＝HEKA［ヘカア］で構成され、抽象的概念の記号で意味が限定されている。

この魔法の力は上手に使うと、世の中を結びつけるエネルギーを操作することができる。ファラオが息子に与えた教えのなかで、王はヘカアについて、人間を悪運から遠ざける、つまり、悲運に打ち勝つための助けになるものだと息子に説明した。世界はヘカアで満ちている。それをうまく見分け、分別をもって利用するように。

<h2 style="text-align:center">導くためには、
棒とナイフ！</h2>

〇〇　　　OUDJ［ウジュ］

指揮する、統治する、命令する、指導者として行動する

　これはとても強い言葉で、とくに、ファラオが人民を導く目的で発する命令を意味するのに使われた。

　〇の記号「ウジュ」は、綱を巻きつけた棒で、棒で統治し、綱で束ねるという意味。

「ウジュ」にはまた「遠征」（ファラオによって命ぜられた）、一つの「碑文」（ファラオの言葉による）、一つの「石碑」（ファラオの考えを知らしめるために彫られ、建てられた）の意味もある。

〇〇　　　SECHEM［セシェム］

導く、案内する、教育する、道を示す

　これもまたよく使われる言葉だ。ヒエログリフが私たちに示しているのは、〇〇足の上にのったナイフ。

　このナイフがあれば、人生という藪（やぶ）を切り、道をかき分けて進み、新しい道を開いて、よい選択をしながら前進することができる。鋭いナイフで切る方法を知らない者は、自分の人生の導き方も知らない。

練習問題
5

質問：あなたが ▎ ○ 𝔞 に会うとき、言わなければいけないこと
　　　は？
答え：あなたが苦しんでいることを話す。というのもこれは、ス
　　　ゥヌゥ「医者」だから。

質問：☰ を口に入れるのは楽しいことか？
答え：ものによる。というのも「ペケレト」の意味は「薬、治療薬」
　　　だから。

質問：あなたが ⌡⌴⊙ のときに元気だとしたら、それは朝、それ
　　　とも夜？
答え：ベカアの意味は「朝」。

質問：👁🐟 の前ではどうふるまうか？
答え：敬意を込めて。なぜならヘルテプは「上司」、上にいて命令
　　　する人だから。

質問：▮Λ をしている人は何をしようとしているのか？
答え：アーハーの意味は「起きる、立ちあがる、立っている」。

質問：　⌒◠◠◡　は重要な悩みか？

答え：すべては流行と気候による。というのも、アーレクの意味は「服を着る」だから。

質問：　🗲　は励ましか、それとも侮辱か？

答え：励まし。イスの意味は「さあさあ！」。

質問：　◖　と　◗　の違いは何か？

答え：最初のヒエログリフはイイで、意味は「行く、来る」、二番目はインで、「持って行く、持って来る、探しに行く」。

質問：あなたは　🦅　▭　が好きですか？

答え：バアクの意味は「仕事をする」。

質問：動詞の　⚒🛏　はどんな努力を示す？

答え：イチュの意味は「何かを手に入れる、征服する、所有している」。

質問：「所有」と「支配」の概念を示すヒエログリフは何か？

答え：籠、◠［ネブ］。

質問：　🏹　の前で、あなたは何を相手に困っているのか？

答え：アーシャは「多数、無数、大量」。

質問：　🛏　の上ではなぜ慎重にならなければいけないのか？

答え：ウアトは「道路、道」だから。

質問：なぜファラオはよく ⌐ と形容されるのか？

答え：このヒエログリフは「ネクト」とも読まれ、「勝利を得る」だから。

質問： 𓏏𓊪𓏲 は何の役に立つか？

答え：ヘカア（魔法）を使うと、人生の厳しさに立ち向かえる。

質問： 𓏲 の行為を成就するとは？

答え：ウジェの意味は「指揮する、統治する、命令する」。

質問： 𓌃 は簡単か、それとも難しいか？

答え：この仕事は困難。というのもセシェムの意味は「導く、案内する、教育する、道を示す」だから。

第 **34** 章
老いと落ち着き

年を取ると、役に立つ

年齢の重みで背中の曲がった老人が、棒につかまって移動している。

IAOU［イアウ］　年を取る

老いは、賢人プタハヘテプが指摘するように、一つの試練だ。老人にはいろいろな痛みや病気が重くのしかかっているという意味で。しかし、イアウと同じ語幹で構成されているイアウトは「役に立つ」!

老人は、実際、重要な役割を果たし、基本的にいって役に立つ存在だ。なぜなら、プタハヘテプのように、百歳という年齢で、老人には経験と知恵を伝える義務がある。

イアウはまた「崇拝する、崇める」。役割を果たしている老人は尊敬に値する。彼自身も、人生と神々を崇拝する。

落ち着きは供物の台

HETEP［ヘテプ］

　これが表わしているのは、供物の台と、その上におかれたパン。
　文書のなかによく登場するこの言葉の意味は「供物の台」だが、また「平和、落ち着き、満足、充実、静けさ」という意味もある。
　神々に捧げる食べ物をおく、つまり供物を台におくことによって、人はヘテプの状態になれる。それは賢人の特徴とされるものだ。
　ヘテプはまた夕日、夕方の平和が国中に広がる瞬間でもある。仕事を終えると、休息と瞑想と沈黙の時間がくる。供物台の前にあぐらをかいて座りながら、賢人は落ち着いて、穏やかなヘテプの動作をする。
「平和と愛」、かの有名なピース・アンド・ラヴは、ヒエログリフでは次のように書ける。

HETEP［ヘテプ］	HENA［ヘナア］	MEROUT［メルウト］
平和	と	愛

　もし、人が人生を正しいやり方で成就したら、来世の岸でヘテプになれるだろう。

第**35**章
永遠のためのヒエログリフ

死ぬは、
杭につながれる！

肉体の死は次の言葉で表現される。

MET［メト］

この単語は M［ム］＋ T［ト］＝ MET［メト］で構成され、倒れて、頭から血を流している男で意味が限定されている。「メト」の同義語の意味は「脈、管、伝導管」。エジプト人にとって肉体の死は、脈が切断され、エネルギーの循環が中断するのと同じようなものだった。

しかしこの単語「死」［メト］は、「母」［ムット、ムト］という単語に結びついている。正しい人々にとって、死は終わりではなく、宇宙という母の巨大な体内に入り、そこで蘇生をはかるという意味で。

「死ぬ」を表現するもう一つの方法は、

MENI［メニイ］

この単語は チェス盤、MEN［メン］と、 N［ン］と、 I［イ］＝ MENI［メニイ］で構成され、 つなぐための杭で意味が限

定されている。メニイの意味は「近づく、つなぐ杭に固定する、固定される、恒久的な」。これは航海の言葉で、航海が無事に終わり、船が正しくつながれたことを意味する。

　この言葉が「死ぬ」という概念に使われるのは、安らかな死は人生という大航海のあとに来るものだから。旅には喜びも悲しみもあるが、しかし、必ずいつかは終点にたどりつき、そこで、善良な水夫はしっかりした杭に自分の船を結びつける。上手に死ぬには、杭につながれないといけない！

生き生きとした死

　というわけで、私たちは死ぬ、たしかに死ぬ。では、オシリス神によって審判を下されたあとの私たちは、いったいどこへ行くのだろう？　まさに次の名前のところへだ。

　　KHERET［ケレト］　　　　　NETER［ネテル］
神の下部

　[ケレト]は「下部」「支えるもの」。[ネテル]は神。
　ネテルの記号が　の内部に深く入り込んでいて、神が自分の領地を占領したことを示している。　は限定符で、大墓地が砂漠地帯にあるのを示している。この「神の下部」は、死者の世界、沈黙の世界だ。そこへは毎晩、太陽が訪れて、蘇生のエネルギーを吹き込む。
　フランス語で「石棺」を意味する「サルコファージュ」は、ギリ

シア語で「死肉を食べる人」という意味だ。ところがこれをヒエログリフの用語からみると、正反対の意味になるのだ。

⌒　　NEB［ネブ］　　　　　♀〜〜〜🖿　ÂNKH［アーンク、アンク］
主人、所有者　　　　　　　生命の、人生の

　エジプトではこのように、石棺は死や消滅の場所とは言っていない。反対に、再生の場で（舟にたとえて）、蘇生が行われるところだと言っている。同じように、墓は死の場所ではなく、

　　　▭　　PER［ペル］　　　　🙫　DJET［ジェト］
　永遠の住まい

BA［バア］もKA［カア］も
消滅させてはいけない！

　私たち現代人の人間に対する見方は、どちらかというと単純だ。魂があって肉体があり、さらに、その肉体には素晴らしい機械、脳がついているというぐらい。エジプト人は、人間を生物の頂点にはおかなかったが、それでも複雑な生き物であり、いくらかは精神的な要素をそなえているとみなしていた。
　私たちはすでにその名前レムには触れた。それは、

　　　🦩　　BA［バア］　　魂、動く能力、昇華する能力

　バアは、水辺に住む美しい鳥、コウノトリだ。人間においては、

動く能力、死体や墓から出て、太陽に向かって飛び、そのエネルギーをたっぷり飲む能力、それからミイラ、不死の体に戻る能力の化身だ。バアは、意識のなかでも動く要素、世界中どこへでも移動できるものと思われている。その動きを妨げ、破壊すると、人間は「二度目の死」、つまり無を宣告されることになる。それゆえ、バアを消滅させてはならぬと、多くの呪文が活躍する！

　同じく保持していなければならないのは、

　　　　🔱　　　KA［カア］　生命力

　このカアは純粋な状態でのエネルギーで、あらゆるところ、星にも、動物にも、植物にも、石にも……そして人間にもある。食べることは、食料のなかにあるカアを摂取することだ。肉体的に死んでも、カアは死なない。人間は、永遠に生きるために、自分のカアと一体のままでいなければならない。

　蘇生のプロセスは、人間が次のものに変身すると成功とされる。

　　　　🦩　　　AKH［アク］

　アクという鳥は、輝く羽の冠羽_{かんう}のついたトキだ。

　この単語アクの意味は「光の生き物」「輝く生き物」だが、また「有益な生き物」という意味もある。語幹のアクは「神の目」「炎」「輝く星」「光の国」「肥沃な土地」「王宮」「神殿の秘密の場所」などのような単語を構成するのに使われる。たしかに、アクになって、正しい者が出てくる「光のなかへ戻る」ことほどうらやましい状態はない。

永遠のためのメニュー

　浅彫りのレリーフなどに小さく、控えめに描かれている善良な
カエル 🐸 は、古代エジプトの天気予報とは何の関係もない。こ
れは永遠のシンボルだ。

　碑文のなかでは、永遠を表わす二つのヒエログリフによく出合う。

　　　🔆　　NEHEH［ネヘフ］　光り輝く永遠
（二本の亜麻の房と太陽）

　　　　　　DJET［ジェト］　循環する永遠
（大蛇と土地 ⬭ と一緒で）

　幸せな永遠に行きつくには、「声の正しい」、そして
DIÂNKH［ディアンク］「生を与えられた」人でなければならない。

　備えあれば憂いなし、向こうに行って困らないよう、自分の墓
には来世で食べたくなる食べ物のメニューを彫っておくのがなに
よりだ。

　　　KHA［カア］　　　　M［ム］　　　T［ト］
　　　千　　　　　　　　として　　　パン
　＝千個のパン

　　　KHA［カア］　　　　M［ム］　　HENQET［ヘンケト］
　　　千　　　　　　　　として　　ビールの甕
　＝ビールの甕千個

226

KHA［カア］　　M［ム］　　KHET［ケト］　　NEBET［ネベト］

千　　　　　　として　　もの　　　　すべて

NEFERET［ネフェレト］　　OUÂBET［ウアーベト］

おいしい　　　　　　　　純粋な

＝純粋でおいしい、すべてのものを千個

　こうして満腹になれば、蘇生した人も次のもののなかで自分の居場所を見つけられるだろう。

IKHEMOU［イケムウ］　　　　　SEK［セク］

死なないものたち

　たとえば、北極星を囲む星たちだ。ファラオを取り囲んだ高官たちのように。

テーベ（現ルクソール）西岸、ラーモセの墓Ⅱ
宴会に招かれた女性の気高い顔。

練習問題
6

質問：落ち着きや平和を表わすヒエログリフは何か？

答え：⎯⎯ [ヘテプ] 供物の台。

質問：🐦 ⎯🐇 と ⎯⎯ ⎰⎰ の違いは何か？

答え：最初の単語メトの意味は単に「死ぬ」だが、二番目のメニイ
は「よい港に着いて死ぬ、岸にたどりつく」。

質問：エジプト人たちはなぜ、冠羽のついたトキ 🐦 が飛ぶのを
見て素晴らしいと思ったのか？

答え：なぜならこの鳥アクは「光を持つもの」「有益なもの」という
単語を構成するのに使われ、もっとも高尚な精神状態を象徴
しているから。

質問：なぜ 🔱♀ を願うのがそんなに重要なのか？

答え：なぜならそれは「生を与えられますように」という意味だか
ら。

付 録

遺跡のなかのヒエログリフ

　エジプトへ行くすべての人、サッカラやテーベの壮麗な墓碑を
この目で見たいという素晴らしい目的を持っているすべての人は、
このテキストを知っておかなければいけないだろう。生きている
ものに敬意を表して、小祭壇場の外壁によく刻まれているものだ。

I［イ］　ÂNKHOU［アーンクゥ］　TEPIOU［テピウ］　TA［タア］

おお　生きているものたち　存在する　　　　地上に

SOUATY［スゥアテイ］　SN［セン］　HER［ヘル］　IS［イス］

　　　　　　通るもの　　　前　　　　　この

PEN［ペン］　SET［セト］　NI［ニイ］　MOU［ムゥ］

墓　　　　注げ　　　私のために　水を

カルナックの大神殿

　ここにあげる短いテキストは、カルナックやルクソールの大神殿を訪れる人なら、簡単に壁面で見分けられるはずだ。

IMEN［イメン］　RÂ［ラアー］　NEB［ネブ］　NESOUT［ネスウト］

アメン　　　　　ラー　　　　主人　　　　王座の

TAOUY［タアウイ］　NETER［ネテル］　ÂA［アーア］

二つの大地の　　　神　　　　　　偉大な

KHENTY［ケンティイ］　IPET［イペト］　SOUT［スウト］

の先頭にいる　　　　選んだもの　　場所を（つまりカルナック）

コンコルド広場のオベリスク

　パリのコンコルド広場にそびえるオベリスクは（高さ23メートル、重さ約227トン）、上エジプトのルクソール神殿から来ている。

　もともとは、聖域への入口を示す塔門の前の西側にあったもので、並んで立っていた二本のオベリスクの一本は、本来の場所に残っている。

　このルクソールのオベリスクがパリへ運ばれたのは、かの天才、

ヒエログリフの解読者で、ファラオのエジプトの救い主、ジャン＝フランソワ・シャンポリオン（1790 − 1832）によるところが大きい。

　1829 年、ついに行ったエジプトで、シャンポリオンは、エジプトで強大な権力を持つ支配者、ムハンマド＝アリーから、イギリス人たちが多数のオベリスクを買おうと考えているのを知る。売買の交渉が行われ、エジプト学者が実業家になっていた。

　シャンポリオンは、ルクソールのオベリスクのせめて一本だけでも救おうと、合計 30 万フランで、ルクソールの一本石の碑をパリまで運べると提案する。その一本とは、彼が冷静に判断した、崩壊の恐れのある傑作だった。

　このようなモニュメントをフランスの首都に建てるのは、ナポレオンの要望でもあり、国家の名誉でもある。

　フランスとエジプトの権威筋が合意し、シャンポリオンの選択に賛同した。シャンポリオンが出した条件は、「この事業の成功にかかわる人間は、学者であってはならない。それより現実的な感覚のある建築家のほうがよい」だった。

　シャンポリオンがフランスへ出発する少し前の 1829 年 11 月、ムハンマド＝アリーはエジプト学の父に、彼が選んだオベリスクは必ずやパリに行くと確約した。1830 年、シャルル 10 世の委任を受けたテイラー男爵が、売買契約を結ぶためにアレクサンドリアに到着する。フランスとエジプトの関係は険悪になりつつあり、もはや一刻の猶予も許されない。ひとたびお金がエジプトに支払われると、一人の技師ジャン＝バティスト・アポリネール・ルバ（1797 − 1873）が運搬の責任者に選ばれる。

　ルクソール号という特別の船が建造され、1831 年 4 月にトゥー

ロンを出港、1833 年 4 月に、貴重な積み荷とともにエジプトか
ら帰路につく。船がトゥーロンに到着するのは 40 日間の航海の
あとだ。

　しかし、オベリスクがパリに着くのは、シェルブールを経由し
て、1833 年 12 月の末まで待たなければならない。そして、コン
コルド広場に、少なくとも 20 万人の野次馬が見守るなかで建て
られるのは、なんとそれから 3 年後の 1836 年 10 月 25 日だ。最
後の最後まで、ルバは最悪の事態を心配していた。

　ギリギリに張られたロープが切れそうなのを見かねて、一人の
名もない観客が命令を放った。「ロープを濡らせ！」。作戦は見事
に効を奏し、オベリスクは第二の生を得て、パリの空にそびえ
立った。

　コンコルド広場のオベリスクは、パリでもっとも古いモニュメ
ントだ。ラムセス 2 世によって捧げられたこともあり、ラムセス
2 世を「凱旋するファラオ」と明確に謳っている。まさに首都パ
リのもっとも古い保護者というわけだ。

　古代エジプトの神聖文字では、オベリスクは TEKHEN ［テケン］
という。この言葉は「保護」や「防衛」の同義語だ。大オベリスク
の役割は、天空を突き刺して、負の力を散らせることだ。そうい
う力は、目に見える、あるいは見えない形の雷雨で、神殿の上に
蓄積する恐れがある。

　最古のオベリスクで、その後のオベリスクのモデルとなったの
は、古代エジプトの宗教の中心「石柱の町」、ヘリオポリスのも
のだ。

　古王国時代、ギザに大ピラミッドが建造された時代の少しあと、
サッカラの北、アブー＝ゴラブにオベリスクの神殿が建てられた。

新王国時代、もっとも有名なオベリスクがカルナック東部に建てられた。つまりもっとも高いものだったのだが、現在はローマのラテランにある。もともと、オベリスクは二本で対になり、神殿を不思議な力で守るためのものだった。このように、古代からその名声を知られていたオベリスクは、その後あちこちへ移されるようになる。現在オベリスクがあるのは、ローマ（数は世界記録の13）、イスタンブール、ニューヨーク、ロンドン、そしてパリだ。

オベリスクの各面は、先端の角錐部の土台に一つの光景が彫られ、その下に文章の列が三本縦に並んでいる。先端の角錐部はオベリスクの飾り部分で、創世記の原初の大洋から現われた起源の石を象徴している。そこは、エジプト人たちが「神々の肉体」と称した金属、金でおおわれていた。

これを見ると、ラムセス2世の名前が「カルトゥーシュ」のなかに彫られているのに気づくだろう。横長の楕円形で、最後が環になっているカルトゥーシュは、ファラオが支配する宇宙を思わせる。それではオベリスクの碑文の意味を少し紹介しよう。

シャンゼリゼ側
先端の角錐部

ファラオがアメン神に供物のワインを捧げている光景。アメンは原則として隠れた神。

> アメン゠ラーによって発せられた言葉、二つの大地（全エジプト）の王座の支配者
> 言うべき言葉：私はおまえにすべての一貫した理論を与える

　言うべき言葉：私はおまえにすべての心の広さを与える

王の上に彫られたテキスト。

　完璧な神、二つの大地の支配者、ウセル＝マアート＝ラー[*1]、
ラーの息子、栄光に包まれて現われるものの[*2] 支配者、アメ
ンに愛されしラムセス、生を与えられし者、神の光（ラー）の
ように、永遠に
　＊1──ラムセス2世の名前の一つ。訳すと「神の光のハーモニー
　　　　は力強い」。
　＊2──この部分は「力の明示」「王権」とも訳せる。

供物の動作の解説。

　アメン＝ラーにワインを捧げる

オベリスクに向かって、左の縦のテキスト。

　　　ホルス[*3]
力のある牡牛[*4]、力強さに満ち、権力により強靱な君主、輝か
しい勝利で、すべての異国を奪いとる者
上と下エジプトの王、ウセル＝マアート＝ラー、ラーに選ば
れし者
　　　ラーの息子
アメンに愛されしラムセス、すべての異国が、生産物をかか
えて彼のほうにやってくる

上と下エジプトの王、ウセル = マアート = ラー、ラーに選ばれし者、ラーの息子、アメンに愛されしラムセス、永遠に生あることを

*3——各王の名前の前に、儀式名がおかれる。ホルスは神のハヤブサで、王の保護者。王とは「上と下エジプトの王」など。

*4——「勝利を導く力」というニュアンスがある。

オベリスクに向かって、中央の縦のテキスト。

　　　　ホルス
力のある牡牛、マアート[*5]に愛されて
二人の女王[*6]に
エジプトを守る者、異国の地を奪いとる者
　　　　金のホルス
多くの年齢と、偉大な勝利を持つ
　　　　上と下エジプトの王
ウセル = マアート = ラー、王子の王子、アトゥムの種、そして彼と一体になり、地上で王位を形成する、永遠に、アメンの神殿に、生命に必要な食料を備えるために。そうして、彼のために儀式のように行動した、ラーの息子、アメンに愛されしラムセス
永遠に生あることを

*5——マアートは宇宙の調和で、人類からは独立しているが、それがないとどんな幸福もない。

*6——つまり、上と下エジプトを守る二人の女神。

オベリスクに向かって、右の縦のテキスト。

　　　　ホルス
力のある牡牛、ラーに愛され、統治する者、猛烈に、偉大な
力で、その威光ですべての大地を震えさせる者
上と下エジプトの王、ウセル゠マアート゠ラー、ラーに選ば
れし者
　　　　ラーの息子
アメンに愛されし者、ラムセス、モントー、モントーの息子、[7]
その両腕のおかげで行動する
上と下エジプトの王、ウセル゠マアート゠ラー、ラーに選ば
れし者、ラーの息子、アメンに愛されし者ラムセス、生を与
えられた者
＊7──モントーはテーベの神の一人で、戦士の性格を持つ。敵に
　　　勝利する能力を全面的にファラオに与える。

オベリスクの頂上に描かれているのは、古代エジプトの文化生
活において基本となる行為、供物の光景だ。ここでは、神の酔い
をもたらすワインと清めの水。
　王の名が何度となく繰り返され、彼の不滅性を明言している。
神々はそのためにもっとも基本となる性質を彼に与えていた。生
と力、不変、一貫性、そして心の広さだ。
　オベリスクによって、ファラオは栄光に包まれて現われ、牡牛
に化身している。牡牛の宇宙を源とする力は、どんな敵にも打ち
勝つものだ。
　こうしてオベリスクが祝っているのは、二つの大地の支配者の

永遠の勝利だ。そのオベリスクもまた、ラムセスの名と同じく、空のように永久だ。

最後に
古代エジプトの言語

ヒエログリフは絵や記号で描かれ、彫られた神聖な言語だった。そして第一王朝から、ファラオのエジプトが滅亡するまでの長きにわたり、賢人たちによって使われた神殿の言語だった。

難解で、習得に長い期間を要するこの言語のほかに、もちろん話し言葉があったのだが、そちらのほうは時代とともにヒエログリフから離れていった。さらに専門家が「ヒエラティック」と形容する、速く書く方法が使われるようになるのだが、書記たちの手でデフォルメされた文字は、もはやヒエログリフではなかった。これは一種の「速記」で、その研究はエジプト学でも特別な分野になっている。

紀元前8世紀に、新しい形の文字法、デモティックが現われ、そこにデフォルメされたギリシア文字が介入する。そしてついに2世紀頃、コプト語が生まれる。子音と母音を交ぜるギリシア語のアルファベットを通して、古代エジプト語を使ったものだ。コプト語の単語のいくつかには、ヒエログリフの言葉の名残が残っていた。この言語は現在もなお、キリスト教の一分流であるエジプトのコプト教聖職者によって礼拝式などで使われているのだが、その知識があったおかげで、シャンポリオンはヒエログリフ解読への道を発見したのだった。

ヒエログリフそのものはいくらか変化したが、基本となる原則

が変わることはなかった。厳密な意味での古代エジプト語は、古王国時代（第1－第6王朝、紀元前3000年から前2200年頃）のもので、「ピラミッド・テキスト」が書かれた言語だ。

「中期エジプト語」または「古典エジプト語」は、中王国時代（第11－第12王朝）のもの。文法書の多くがこの言語について書いているので、そこからエジプト学者は研究を始める。

　たとえば、有名な「シヌへの物語」は中期エジプト語で書かれたものだ。

「新エジプト語」は、新王国時代（第13－第21王朝）のもので、古典言語に比べると改革されているが、基本は揺らいでいない。

　それからずっとあと、とくに、いわゆるプトレマイオス朝期の頃になると、神官たちが数多くの新しいヒエログリフ記号を創案して、解読がきわめて難かしいものが多くなる。しかしそれでも、語法はあくまでも伝統にのっとっていた。

　このことからもわかるように、トト神によってエジプトの賢人たちに授けられた神聖な言語は、なんと4000年近くにわたって使われていた。そして、1822年にシャンポリオンによって蘇生されたこの言語は、現在、新たな青春を謳歌している。

　エジプト人たちは賭けに勝った。歴史や、侵略、文明の消滅を超越し、まさに一つの不滅の言語を創ったのだ。

訳者あとがき

　古代エジプトというと、すぐに巨大なピラミッドをイメージし、紀元前数千年に栄えた華麗なエジプト文明に思いを馳せる人が多いのではないだろうか？　そこからさらに想像力をはたらかせ、ピラミッドや数々の遺跡に刻みこまれたヒエログリフに興味をもつ人も多いはずだ。これらにはいったい何が書かれているのだろう？　その前に、私たちにもそれを読むことはできるのだろうか？

　本書『楽しいヒエログリフ入門』は、2001年8月に紀伊國屋書店から出版された翻訳本『クリスチャン・ジャックのヒエログリフ入門』を、装いも新たに草思社から復刊したもので、一見すると難解で謎だらけのヒエログリフを、一般の私たちも理解できるよう、わかりやすく、楽しく！　解説したものだ。改めて読んでみると、20年以上前のものとは思えないほどわくわくする内容で、ヒエログリフとともに古代エジプトの豊かな世界にひたることができる。コンピューター一色の現代でも、いやだからこそ？　古代エジプト文明の精神は、まったく輝きを失っていないということか。

　原書は1994年にフランスで出版された『Le petit Champollion』（図説プチ・シャンポリオン）。エジプトに少しでも詳しい人ならお

わかりと思うが、有名なロゼッタ・ストーン（古代エジプト期の石碑の一部）の発見から始まったヒエログリフの解読競争で、ただひとり成功したフランス人、ジャン゠フランソワ・シャンポリオンに敬意を表したものだ。

　著者はこれまたフランスきってのベストセラー作家で、古代エジプトを舞台にした壮大な歴史小説の数々で世界中にファンをもつクリスチャン・ジャック。読者を惹きつける旺盛なサービス精神と、フランス人にしてはめずらしくエンターテイメント性にあふれた作風で知られる作家だ。「ヒエログリフを学びたいという人は増えているが、誰に聞いても最初の一歩がいちばん難しいという。そこで私は、そういう人たちのために、楽しみながらヒエログリフの仕組みを身につけられる本を書きたいと思った」（リール誌）とは、発売当初に著者自身が語った言葉だが、日本でも何冊か出版されているヒエログリフ関連の類書と比べるまでもなく、文法など堅苦しい話は最小限におさえ、とにかく読んで楽しい本である。

　驚くことにこの原書、フランスでも 2022 年、著者自身の「まえがき」による新装版が発売されている。シャンポリオンのヒエログリフ解読成功（1822 年）200 周年を記念してのもので、こちらは 30 年近くの時を経て、また新たなエジプト好き読者を獲得している。ついでにいうと、日本での復刊と時期が重なったのはまったくの偶然、たんにこの SNS 全盛時代、存在感を発揮している絵文字とヒエログリフにどこか共通点を感じ、絵文字の新顔として仲間入りすれば面白く、楽しいのではないかという発想が発端だった。

　著者のクリスチャン・ジャックは1947年パリ生まれ。作家、エジプト学者。子どもの頃から本に親しみ、13歳のとき歴史書を通してエジプトの魅力を発見、17歳になって初めてエジプトを訪れる。その後、ソルボンヌ大学でギリシアとラテンの古典文学を学び、さらに考古学とエジプト学を研究、エジプト学で博士号を取得している。その間、エジプトに足しげく通いながら、ヒエログリフを独学で勉強、入手できるあらゆる文献を読みあさり、独自の方法でデータを分類する。

　以降、文筆業に専念するのだが、彼の名がいちやく有名になったのは、1987年に刊行された『シャンポリオン、エジプト人』がベストセラーになってから。その後、『太陽の女王』、『ツタンカーメン事件』、『ピラミッドの暗殺者』などミステリーをおり混ぜた小説でベストセラーを連発、なかでも『太陽の王ラムセス』（全5巻）は日本を含めた世界中で200万部以上のメガトン級ベストセラーになったから、ご存知の人も多いだろう。

　作家としてはかなりの多作家で、その後も『光の石』シリーズなど、文筆の勢いは衰えず、その作品は世界30カ国以上で翻訳出版され、世界での売り上げは2016年時点で2700万部以上、「おそらく世界でもっとも読まれているフランス人作家」と評されている。

　エピソードの一つとして面白いのは、彼は小説を書くのに、いまだにコンピューターを使わず、手で書いていることだろう。彼によると「古代エジプトのメッセージは過去につなぎとめておくべきではない。その価値観はつねに現代の私たちの社会にも通用する」という。

ここで簡単に内容を紹介すると、大きく2部で構成されている
のだが、その前のイントロ部分「はじめに」で、なぜかヒエログ
リフの「アヒル」が登場する。その意味は「アヒル」ではなく「息
子」で、このようにヒエログリフは絵であると同時に象徴であり、
音でもあると紹介される。そして第Ⅰ部では、第1章から第5
章を使って、前述したシャンポリオンの偉業が臨場感たっぷりに
描かれ、ここでヒエログリフの簡単な仕組みや、母音のないアル
ファベットなど、普通の言語との違いがわかりやすく紹介される。
著者によるとピラミッドもばかでかい石のヒエログリフである。
いよいよ第Ⅱ部が本書のメインで、第6章から第35章まで、テー
マごとにさまざまなヒエログリフが紹介され、楽しい解説がつく。
ファラオの名前から、空や大地、自然や動物、男と女、はては愛
まで……、一つ一つの説明に、簡潔ながらも古代エジプトの文明
や生活様式、思想にまで話が飛び、読み終わると古代エジプトに
タイムスリップしたような気分になるはずだ。

　詳しくはもちろん本書を読んでいただくとして、本書が発売さ
れると、フランスだけでなく翻訳出版された国々でも、ヒエログ
リフに興味をもつ人がぐっと増えたそうだから、日本でもまた同
じ現象が起き、このAI時代に古代エジプトのエスプリがSNSの
絵文字としてよみがえることを期待している。

　最後に、本書の復刊にあたっては、いつもながら編集室カナー
ル（フランス語で「アヒル」の意味！）の片桐克博さんと、エジプトに
一人旅してピラミッドを訪れたさい、ヒエログリフのアルファ
ベットが書かれた土産用のパピルスを購入した体験をもつ草思社
編集部の碇高明さんに、今回も大変お世話になった。どうもあり

がとうございました！

　2023 年 11 月

鳥取絹子

＊ 本書は 2001 年に紀伊國屋書店より刊行された
『クリスチャン・ジャックのヒエログリフ入門』を改題したものです。

著者略歴―――

クリスチャン・ジャック Christian Jacq

1947年、パリ生まれ。フランスを代表するベストセラー作家。エジプト学者としても名高い。『太陽の王ラムセス』『ピラミッドの暗殺者』など、古代エジプトを舞台にした壮大な歴史小説で世界中にファンを持つ。その作品は世界30カ国以上で翻訳出版され、世界での売上げは2016年時点で2700万部以上、世界でもっとも読まれている現代フランス人作家と評されている。

訳者略歴―――

鳥取絹子 とっとり・きぬこ

翻訳家、ジャーナリスト。主な著書に『「星の王子さま」隠された物語』(KKベストセラーズ)など。訳書に『崩壊学』『感染症の虚像と実像』『日本最後のシャーマンたち』(以上、草思社)、『ウクライナ現代史』(河出書房新社)、『地図で見るアフリカハンドブック』(原書房)、『シューベルトの手当て』(アルテスパブリッシング)など多数。

楽しいヒエログリフ入門

2024©Soshisha

2024年2月23日　　　　　　　第1刷発行

著　　者　クリスチャン・ジャック
訳　　者　鳥取絹子
装　幀　者　Malpu Design
　　　　　　(清水良洋＋佐野佳子)
発　行　者　碇　高明
発　行　所　株式会社 草思社
　　　　　　〒160-0022　東京都新宿区新宿1-10-1
　　　　　　電話　営業 03(4580)7676　編集 03(4580)7680
　　　　　　振替　00170-9-23552

本文組版　有限会社 マーリンクレイン
印　刷　所　中央精版印刷 株式会社
製　本　所　大口製本印刷 株式会社

ISBN978-4-7942-2701-0　Printed in Japan　検印省略

古代インカ・アンデス不可思議大全

芝崎みゆき 著

壮大なインカ文明とそれに先行するアンデスの古代文明の歴史を愉しく絵解き。さまざまな資料のみならず実際に現地を訪れて見聴きし触れた体験をもとに描かれる。

本体　1,800円

川と人類の文明史

ローレンス・C・スミス 著
藤崎百合 訳

はじめての雨が降ったときに、世界のあり方は永遠に変わった――。人類の暮らしを規定しつづけてきた河川の「見えない力」を浮き彫りにする刺激的な文明論！

本体　3,200円

越境と冒険の人類史
宇宙を目指すことを宿命づけられた人類の物語

アンドリュー・レーダー 著
松本裕 訳

「リスクへの挑戦」が歴史を動かす――。SpaceXのミッションマネジャーが「未知の世界」に挑み続けてきた人類の歩みをたどるユニークな歴史ノンフィクション！

本体　3,500円

日本最後のシャーマンたち

ミュリエル・ジョリヴェ 著
鳥取絹子 訳

東北、沖縄、北海道、そして東京――。ベルギー生まれの日本学者がさまざまな文化的背景を背負うシャーマンを訪ね歩き、肉声を多数採録した貴重なドキュメント！

本体　2,200円

＊定価は本体価格に消費税を加えた金額です。